教师的进化

赵实 著

华夏出版社
HUAXIA PUBLISHING HOUSE

图书在版编目（CIP）数据

教师的进化 / 赵实著. -- 北京 ： 华夏出版社有限
公司，2025. -- ISBN 978-7-5222-0870-1

Ⅰ．G451.2

中国国家版本馆 CIP 数据核字第 2025P57D79 号

教师的进化

著　　者	赵　实	
策划编辑	朱　悦　陈志姣	
责任编辑	陈志姣	
营销编辑	张雨杉	
责任印制	刘　洋	

出版发行	华夏出版社有限公司
经　　销	新华书店
印　　刷	三河市少明印务有限公司
装　　订	三河市少明印务有限公司
版　　次	2025 年 9 月北京第 1 版　　2025 年 9 月北京第 1 次印刷
开　　本	710×1000　1/16 开
印　　张	16.5
字　　数	213 千字
定　　价	69.80 元

华夏出版社有限公司 　地址：北京市东直门外香河园北里 4 号　邮编：100028
网址：www.hxph.com.cn　电话：（010）64663331（转）
若发现本版图书有印装质量问题，请与我社营销中心联系调换。

推荐序

帕尔默先生在《教学勇气》中引用过一个隐喻："我们需要一件有两个口袋的外套，一个口袋装泥土，一个口袋装黄金。我们用一件有两个口袋的外套提醒自己：我们是谁。"我感觉赵实老师潜心研究《教师的进化》，似乎是在泥土和黄金之间搭起"心智转变"的桥梁，为教师们在日常中自在地觉察连接、启用大我，警觉悦纳、超越小我，精心建构出从外在到内在、从低维到高维的心智转变光谱。

心智模式在作者的老师彼得·圣吉的系统冰山中处于最底层，在作者心中，这是复杂问题求得根本解的关键杠杆。触摸心智模式本就极其困难，要为改变心智模式在泥土和黄金之间搭建桥梁，需要何等勇气和智慧洞察！作者为这座桥精心建构了心智转变光谱的五大维度：从控制到开放；从匮乏到富足；从分离到整体；从症状到根本；从强大到柔软。从五个维度精心编织心智转变的路径和前景，只为给困顿中的教师带来豁然贯通，为教育者引领社会未来剖析心智转变的内在纹理，智慧洞察跃然字里行间。

作者不惜投注心力，对心智转变五大维度的每一个维度都纵观数百年，清晰勾勒存在进程的脉络，揭示受工业革命深刻影响的社会外部结构是如何强力驱动人类心智模式深陷"元危机"的。作者确信无疑地指出，人类，尤其是教师，不进行自我进化和自我超越是绝对没有出路的。个人遭遇的心灵卡点，只是人类心智模式深陷"元危机"而被巨网裹挟中的一个小环节，唯有升级能量维度才能突围，唯有穿越种种分离的力量连接真我，复归生命的真实和完整，才有定力拥抱不确定性，转化负面能量为滋养成长的营养，才能舒展生命的丰盈，挖掘生命本身就拥有的宝藏。

在泥土与黄金之间搭建彩虹桥，似乎在作者心中是大浪淘沙、金之在冶、千锤百炼的联结舞台。书中联结着人类轴心时期的智慧和中国的五行高能量，联结着当代心灵导师的深刻洞察，联结着哲学、社会学、心理学、行为科学等诸多领域探索的真知灼见，更深深联结着作者的真我、作者的温度和生命故事，因而自然深深联结着生动的教育场景，联结着教师们作为孤独的个体或共同体的一员的微妙心灵海洋。如此种种挑战着作者深刻而细微的觉察！阅读本书，仿佛能感受到，作者在一次次的斟酌中触摸深层纹理，在一次次的正念中豁然开朗，在一次次与教师的交流中清晰突破心灵卡点的关键，也自然而然地把深挖心泉的大道轻轻落地于正念练习中。

有幸在作者引导老师们共读本书书稿的微信群里一年有余，每每被本书和作者在教师们心中引起的强烈共鸣深深触动。尤其群里多是酷爱教育、与《教学勇气》产生深深共鸣的勇气种子老师，在与本书及作者的深层对话中，他们不断呈现着内在觉醒的无限潜力，这无以辩驳地证明，教师以强健的真实完整的真我联结学生、家长、同事，会给生命蓬勃绽放带来辽阔的空间和无尽的可能性。

《教学勇气》十周年纪念版译者、北京师范大学副教授　吴国珍

目录 Contents

教 师 的 进 化

序　言

教育引领未来

人类文明的延续是一场教育与
灾难之间的竞赛。

——赫伯特·乔治·威尔斯

当我们观察今日世界所处的阶段时，就会看到由种族、政治、经济、科技、战争和生态这些因素所构成的复杂局面和全球性挑战，它们让整个世界和我们每个人的生活都处在极度的不确定当中。这一现状使许多个人和组织感到需要尽快采取行动，进行广泛而深刻的系统性变革。但是，我们需要从哪里入手、采取什么样的行动和方法来推动这个巨大且复杂的系统发生转变呢？

这便是本书想探讨的话题。但这个话题过于宏大，想在一本书中对以上问题给出完整的回答，就如同画出一棵参天大树的同时，还需要将每一根枝条、每一片叶子也清晰地画出来。我能做的，只是沿着"教育"这根枝条，试着做一些梳理，找到一些行动的方向和方法，激励更多人一起探索和行动。"教育"作为社会系统的核心组成部分之一，与社会变革关系密切，二者相互影响，彼此调适。纳尔逊·曼德拉认为"教育是你可以用来改变世界的最有力的武器"。约翰·杜威也有类似的观点，即"教育是社会进步和改革的根本途径"。几个世纪以来，世界各地的领导人、思想家和改革者也都运用教育促进社会变革。我相信，对教育这根枝条的探索是有实践意义的。

那么，教育究竟如何促进社会变革？它在社会变革中扮演何种角色？面对今日世界之状况，教育需要从哪里发力？我们在序言中先对这些问题做一些概要性梳理，更为细致的分析将放在后续的章节里。

首先，教育与社会发展的关系并不是简单的线性关系。教育既有推动社会变革的作用，又发挥着维持社会现状的功能。换句话说，教育扮演着"保守"和"激进"的双重角色。一方面，教育保存了既有知识、文化传统和价值观，并将它们传递给下一代，让社会发展保持稳定。另一方面，教育提升了社会的文明程度，改变了人们的生存状态、健康水平，以及人们对社会问题的传统观念，为新的社会变革提供了思想基础。

教育在社会发展中所扮演的角色，如同任何一个复杂的生命系统，都有两大基本目标：存续与发展。所谓存续，就是让当前的系统保持稳定，能够尽可能地持久存在；所谓发展，就是通过持续地创造，实现突破、跃迁、升级或蜕变，进入更高层次的生命状态，让生命系统具有新的特征和适应能力。这两股力量此消彼长、交替掌控着复杂的生命系统，就如同阴阳两股力量，它们相互依赖，又相互对抗。教育系统正是如此。

教育的两种角色会随着社会发展的进程交替出现。在社会变革的初期，教育往往扮演着心智启蒙和促进变革的作用，随着新思想、新观念、新方法逐步融入教学内容、教学方法、教师培养、教育政策等新的教育体系当中，教育系统所支持的新的社会结构会得到进一步的巩固。这个过程往往需要数十年甚至数百年的时间。逐渐地，教育的角色从"激进"转变为"维持社会发展"，人们的固有观念慢慢形成，固有观念会让人们在行为上更加趋向于符合既定的社会规范，并以此作为个人价值的衡量标准。此时，既有的教育系统就对新的社会变革的发生产生了阻碍。社会变革之所以都会非常艰难，原因就在于人们需要破除自己固有的观念、假设、价值观，即在数十年高度一致的教育体系下塑造出的坚固心智。

当下的教育范式源于工业时代，深深隐藏在其背后的基本假设是万物皆可通过理解局部来掌控整体，即机械宇宙观和还原论。我们的教育模式也是以解析式的思想进行设计的，例如分学科、分年级、分专业，这样就造成头脑、情感与身体的分离。学校教育的范式是：学校是一条生产线，以最高效的方式培养符合未来工作需要的标准化人才。这个范式背后的假设是：成长的过程是固定的、标准的、可规范的，因此人的培养是一种可预测的、稳定的、机械化的结果。它是一种结果倒推式的人才培养模式，核心是满足工作的需要。在这种范式下的教师不需要去创造，而更像是流水线上的工人，维护流程运转即可。

这种模式之所以能够持续数百年，是因为还存在一个隐藏更深的假设：社会对工作岗位的需求在相当长的一段时间内保持不变，即使有变化，也是随着社会发展在大周期内做出相应的调整。这种假设在工业革命以来相当长的一段时期都是适用的。我们可以回溯三次工业革命的时间和标志。第一次工业革命发生在 18 世纪 60 年代，以纺纱机、改良蒸汽机的出现为标志，人类进入蒸汽时代；第二次工业革命发生在 19 世纪 70 年代，人类进入电气时代；第三次工业革命发生在 20 世纪 40 年代，以计算机的广泛使用为标志，人类进入信息时代。三次工业革命之间分别间隔了 110 年和 70 年。尽管每一次工业革命对人才的能力要求都有较大的变化，但以 25~30 年为一代人来看，这样的变化仍然是缓慢的。

现代文明发展的主流假设观念让我们分离地看待世界，但这种认知上的局限无法阻碍世界的整体性和连接性，它们随着科技和文明的进步而逐步显现出来。进入 2000 年后，这种彼此连接、相互依赖的状态让人类社会的发展进入动态而复杂的格局。而人类的身心分离与客观存在的各种层次的复杂连接，让这个社会变得极为撕扯、荒诞、动荡。我们已经没有办法用固定的流程、标准化的方法和过去的经验来解决当下的难题。此刻，我们不得不承认，过去曾经有效的两个教育假设——标准与稳定——都已经失灵。过去的教育范式在新的时代已经不再适用，虽然教育系统的车轮依然陷在工业时代的车辙里，但我相信大转变会随着大众心智的成熟和社会矛盾的激化而发生。

新的教育范式已经慢慢浮现出来。一些学校尝试着放下生产线般的控制模式，把生命成长作为教育的核心目标，让孩子们在教育生活中不仅有机会提升智识，还能够认识自己，探索自身天赋，寻找生而为人的使命。这样一来，学校教育将不再是以教师的工作为导向，而是以学生的成长和生命为导向。在新的范式下，孩子们有机会个性化地成长，他们越是基于自己的天赋去成长，就越能够清晰地知道自己此生为何而来。有了这样的明确和坚定，他们也就更有韧性和自信去面对复杂多元的变化。虽然建立在新范式下的学校大多是小众、偏远、非正统、规模偏小的，但正如同系统变革的开端常常发轫于系统的边缘一样，这反而是一种令人兴奋的信号。因为能望见点点星光，我们才有动力去了解浩瀚宇宙。

教育范式的转变，是必然的过程，也是痛苦的过程。任何新事物、新思想、新观念的产生都必然伴随着波动、不确定和模糊。在最初，这些东西对于绝大多数人来说都是不被喜欢的，人们习惯于循着可以预见的道路前行，即使早就知道最终的结果并不理想，也会因为害怕不确定性而走在老路上。因此，总是需要有人率先为教育走出新的道路，让人们看到可能性，也帮助更多人敢于面对不确定性。

我想，在这个时代，每一位热爱生命、致力于终身成长的教育工作者都有可能为教育走出这条新的道路。毕竟，这是一个与过去完全不同的时代。这是人类有史以来第一次通过大规模的教育，让全球范围内的普通大众的智识得到极大的提升；同时，全球化和科技发展让人类文明第一次在全球范围内进行充分碰撞、交融，人类命运更加紧密地交织在一起；这也是人类个体第一次能够在极短的时间内通过网络媒体影响数百万人甚至千万人。上述三个方面，让人类心智的成长有机会在短时期内发生同频共振。那么，重要的是，教育工作者自己是否敢于率先向着未来迈出一步呢？

这一步，的确是艰难的一步。它不是在教学技术和方法层面的改变，而是深入我们的内心，打破对世界、对教育、对生命、对自我的固有观念；它不是一种在十字路口向左或向右的选择，而是超越二元的局限，向着更高维度的跃迁；它不是一种局部的、线性的优化，而是在更广阔的空间里探索和创造生命的可能性，实现复杂生命系统的整体升级，这便是我心中的"进化"。本书要做的就是帮助教育工作者们，尤其是教师们看清楚当下的局面，帮助他们了解心智转变的必要性，并给出突破自我、转变心智、实现跃迁的方法，帮助他们更有力量地迈出这一步。本书的结构也将以此为主线。第一章讲述教师的心智转变对于社会发展的重要意义（Why）；第二章到第六章详细阐述了教师需要完成的五项心智转变（What）；在书的最后一章，结合自己多年探索心智成长的经验，我试着给出关于个人如何实现心智转变的一些建议，并从五行的视角理解五种心智（How）。

我并非学富五车、积累深厚之人，但仍然希望将自己对当下的观察、思考和实践探索写下来，这源于多年前在我心中种下的一粒种子。2015 年，因为在北京师范大学高级管理者发展中心工作，我有幸邀请到学习型组织之父彼得·圣吉（Peter Senge）先生作为首席专家，指导北京师范大学"2030 中国未来乡村学校计划"，共同探索教育创新之路。在很多次交流中，他所展现出来的对人类命运的关切非常触动我。记得有一次他讲起年轻时去非洲的经历，他告诉我们，在那里，他看到了很多古老物种的化石，它们在地球上存在了上亿年；他也看到了非洲古人类的化石，只有区区 200 万年。面对当今世界的诸多系统性问题，他感慨道，人类这个物种不应该只有这么短的历史，我们需要做一些事情，而从教育入手是最有希望推动世界发生转变的。

正是这段故事的分享，在我的内心种下了一粒小小的种子——我想唤醒更多的教师，助力他们成为完整而真实的个体。这样，教师们就有能力去帮助孩子们发现与自己、与伙伴、与这个世界之间丰富而深远的连接，从而让孩子们有能力超越自我的局限，创造出可持续发展的人类未来。让我们共同开启这段旅程吧。

每章十问

1. 今日的教育在扮演什么角色？

2. 今日的教师在扮演什么角色？

3. 作为一名教育工作者，你的生命状态是什么样的？

4. 过去200年来的教育范式是什么？

5. 在你心中，未来的教育范式会是什么？

6. 在当下的教育中，我们有哪些隐藏着的、根深蒂固的假设？

7. 在自我进化或心智成长方面，你渴望的改变是什么？

8. 如果教育是一个大花园，那么你想种下一粒什么样的种子？

9. 如果有一句话能够激发你的教育热忱，那句话是什么？

10. 在教育生活中，你相信什么？怀疑什么？

第一章

教师的心智光谱

关键是你的目光，而不是你的所见。

——安德烈·纪德

我们听到的一切都是一个观点，不是事实。

我们看到的一切都是一个视角，不是真相。

——《沉思录》

改变从心智开始

2015 年 4 月的一天，系统变革学院的倪韵兰女士邀请我去参加学习型组织之父彼得·圣吉先生在深圳举办的一场小型研讨会，那是我第一次见到彼得。研讨会的话题围绕着当今社会面临的挑战展开，话题涵盖了教育、生态、组织进化等。在会议的最后，彼得分享了一个小故事，让我记忆犹新。

彼得的一位朋友是中学数学老师，他花了 20 年的时间，研究出了一套由学生相互教数学的方法，上课的时候，这位老师只是给予一些引导和最基本的指导，学习全部都由孩子们自己完成。由于学习任务并不容易，需要孩子们相互协作，孩子们就必须相互学习。在他的代数课上，大部分时间都充斥着孩子们的喧哗，但孩子们在相互教学中学得很快、很深入。他们班的成绩也是最好的。有一天，这位教师要离开这所学校，孩子们都非常不舍，他们说自己的老师要离开了。听到孩子们这样说，这位老师就提了一个问题，他问大家谁是老师。一个孩子举手了，两个孩子举手了……全班同学都举起手来。老师告诉大家："你们的老师并没有离开，只是我离开了。"

这位老师的做法让我赞叹，他不仅仅传授了学习方法，还让学生们看到了师生关系中的另一种可能性：每个人都是老师，同时也都是学生，我们可以向所有人学习，包括自己。这个观念同时也传递了平等、合作、开放、信任、勇气、自我价值等价值观，孩子们在日常的学习中不断实践和体验这些价值观，它们深深根植在孩子们的心中，成为孩子们生命成长中宝贵的财富。

从小时候起，我们在家庭、学校、职场等社会生活中的经历会让自己形成一系列的观念，这些观念逐渐发展为个人信仰、价值观、行为规范等，对我们的行为方式和思维方式产生影响，影响的时间很长，甚至会影响一生。例如，如果一个人认为打架是最有效的解决问题的方法，那么他在遇到冲突的时候就很有可能采取暴力手段。再比如，如果你认为社会秩序需要每一个人来维护，那么在堵车的时候你就不太可能开上应急车道。彼得·圣吉先生在他的书中把这些观念称为"心智模式"，并将其解释为"一些根深蒂固的假设、归纳，甚至图像、画面或形象，它们决定了我们理解世界的方法和我们的行为方式"。[1]

心智模式的特点

心智模式以自动驾驶模式影响我们的行为

心智模式通常是隐形的，藏在我们的意识之下，不容易被看见。这与我们大脑的运作模式有关。人类大脑的一个重要特点就是"偷懒"。成人的大脑一般重达 1.3~1.5 公斤，大约占体重的 2%，但却会消耗整个身体 20% 的能量。正是因为大脑耗能极大，所以它会自动优化效能，

---

1 彼得·圣吉，《第五项修炼》，中信出版社，2009。

尽可能地把所有能量都用在执行更重要的任务上，而那些已经熟练掌握的任务则会被设置为"自动驾驶"模式，以此节省能量。

例如，刚上一年级的学生，上课时没有举手就坐在椅子上随口回答老师的问题。老师告诉学生要先举手，被老师点名再站起来发言。于是学生在大脑里写下一条规则：先举手，后发言。大脑在建立规则后，如果这条规则是有效的、稳定的，它就会进入"自动驾驶"模式运行。当进入三年级的教室，你会发现"先举手，后发言"早就成为师生互动的默认规则，无须再做要求。再举个例子，我们刚开始学开车时，往往会感觉手忙脚乱，顾了手上，顾不了脚下，更难以分出精力去关注道路情况，这是大脑同时关注多个目标，导致脑力消耗过大造成的。随着我们对驾驶操控越来越熟练，我们会把那些熟练的操作设置为"自动驾驶"模式，只须将精力放在关注道路情况上，我们就有了多余的注意力可以分配，开车就变得更加容易了。

北京大学认知心理学家魏坤琳在控制运动研究中讲过这么一个案例。对羽毛球初学者的大脑前额叶（主管决策、认知、监控的脑区）进行核磁共振扫描，研究者发现，初学者大脑的这个部分特别活跃，表明学习新知识会非常消耗大脑的能量。但学习一段时间后，身体动作就开始自动化。你把球抛起来等落到某个高度击打，大脑会告诉你胳膊应挥到什么程度，并使其根据落点调整，不断优化动作，抛球、挥拍、击球……这时再看核磁扫描结果，以前非常耗能的前额叶脑区的活跃度就没有那么高了。这表明，人类在学习新知识的时候通常是比较耗能的，一旦掌握或者熟悉了，我们的大脑就会把所学到的内容放入类似电脑的后台运行。

也就是说，当遇到同样或类似的问题时，天性懒惰的大脑容易依赖上一次的判断经验，久而久之，我们就形成了一种自动且固定化的心智模式。这种模式如同一个透明的玻璃罩，在不知不觉中框住了我们的视野，甚至会扭曲我们所看到的图景。但大多数时候，我们并不会意识到自己是在戴着"透镜"看世界，还以为看到的是一个真实的世界。如果我们不主动检验自己一直以来的观念或假设，我们终其一生都会活在透明玻璃罩里。

心智模式是为了保护自己而产生，但存在时间比所需要的时间长

心智模式本身并无好坏之分，它的出现甚至是为了保护我们。我的父亲是个非常严格且严肃的人，从小对我和哥哥的要求很高。我哥哥比我大 7 岁，在我三四岁的时候，他已经进入青春期。那时的他异常调皮，经常被父亲打得龇牙咧嘴，年幼的我一看这架势，哪里还敢有一丝顽皮。不知不觉中，我就成了一个非常听话的孩子，认为凡事都要做对、做好，忤逆长辈的事情更是不敢做。现在看起来，哪里是"什么都要做对"的自我要求，只不过是出于安全考虑的自我保护而已。

于是，"凡事只有做对才能被认可，自己才会感觉到安全"的观念（心智模式）在我头脑中扎下了根。相反，当某件事情之前没有尝试过，可能会做错或失败时，我就会紧张和恐惧。上大学和后来进入职场时，我其实早就不需要这样的心智模式来保护自己了，但它仍然在发挥着作用，对我的工作有非常大的影响。

我的职业生涯前半部分是一名管理咨询顾问，受这样的心智模式影响，我成了一名"不允许自己犯错"的顾问。为了让自己不犯错，我在每一次演讲、授课或拜访客户之前都要反复演练，每一份材料我都要细致地检查。我不允许自己犯错，也不允许团队成员犯错，包括我在内的每一个人都很紧张。我记得有一次去和企业高管进行访谈，为了确保访谈成功，我准备了很多颇有洞察力的问题。访谈开始后，我的注意力完全都在如何抛出下一个有价值的问题上，反而忽略了对方所谈的内容，

这样一来，我就没能根据现场形势展开一场生成性的对话和探询，自然也无法将访谈内容深入下去，整个过程变得非常机械和古怪。在这次糟糕的体验之后，我得出的结论是"我准备得还不够"，这样一来，我就又进入心智模式所挖的坑里了。

我们每一个人都或多或少地生活在这个透明玻璃罩里，我们早就不需要这个罩子的保护，但因为习惯了在它的保护下生存，所以很害怕突破它去采取行动。如果我们不学习如何摆脱束缚住自己的心智模式，我们就可能逐渐成为一个僵化的人，面对问题时容易限入局陷思考的窘境，不愿意接受更多的可能性，无法从更广的角度去思考问题的本源，也看不清问题的整体样貌，更别说进一步找到问题的根本解了。

心智模式喜欢预测，讨厌不确定性

研究发现，"偷懒"是深藏在人类基因组和神经元中的自然选择性状。大量研究都证实了人类祖先具有节省体力的偏好。一项发表于2007年的美国实验表明，人类利用双足行走不仅是为了在行动时解放双手，此举还有助于减轻疲劳。研究人员对比了四足行走的黑猩猩和双足行走的人类的能量消耗情况后发现，由于人类后肢伸长且骨盆扩大，双足行走的能耗仅为四足行走的黑猩猩的四分之一。我们在前面介绍过大脑也有"偷懒"的倾向，大脑为了节约精力、高效处理，绝大多数情况下做出的决定都是在无意识状态下进行的。在做决定前，大脑并不需要了解所有信息，而是只要接收到一部分信息，就会拿这部分信息和过往的经验相类比，并快速做出决定。

举个例子，如果一位年轻的教师因为教学创新失败而遭到校领导的批评，那么下一次面对教学创新的机会时，他会很慎重地进行尝试或者放弃尝试。如果每次失败都遭到批评，我相信，这位教师继续尝试的可能性会很低。因为在他的经验里，创新是不被认可的，失败是可耻的。大脑基于过往经验做出了消极体验的预测，为了回避这样的情绪体验，教师会做出放弃尝试的决定。难怪心理学家、美国心理科学协会主席莉莎·费德曼·巴瑞特（Lisa Feldman Barrett）博士在《情绪》一书中指出："我们活在每个当下，但我们的情绪却是过去经验的产物。"

心智模式的存在让我们似乎感受到了更多的确定性，但其实这只是一种假象而已，这个世界本身就是不断变化的，充满了不确定性。我们用固定的模式或过去的经验去应对当下的情况，虽然会让我们感觉安全，但也让我们失去了对当下的感知力。同时，因为失去了感知力，我们就更加依赖过去的经验或模式，这样一来，我们就无法向当下学习，从当下出发做出有效的决策。在今天的世界里，大多数人都会深深地陷在这样的状态里，哪怕已经知道基于经验的选择并不是最好的，但由不确定性引发的负面情绪，让自己无法在当下做出更好的选择。

正是因为这种模式的存在，我们总是会倾向于用过去的方式去解决新出现的问题。在人类社会的绝大多数时间里，这样的模式的确是有效的，其原因是社会发展的速度较为缓慢。一个有经验的修表匠，可以把自己的一身本事和经验传给学徒，学徒凭借师傅传授的知识和经验可以也成为一位优秀的修表匠。美国斯坦福大学的历史学教授伊恩·莫里斯（Ian Morris）曾经做过一项研究，他设计了一系列的参数来衡量人类社会的发展速度，并对东西方文明进行了对比分析。[1] 从他构建的模型来看，无论是东方还是西方，在工业革命之前的 14000 年里，人类文明沿一个平缓向上的斜坡缓慢发展。这就不难理解人类为何会发展出基于过去的经验来预测未来的模式，这种心智模式似乎已经被刻入了人类的基因中。

---

1 伊恩·莫里斯，《文明的度量》，中信出版社，2014。

从莫里斯构建的社会发展曲线来看，工业革命之后，人类文明的发展进入加速模式，从线性的平稳增长，进入指数式的爆发增长。但令人感到诧异的是，人类对过去经验的依赖并没有随着文明的飞速发展而改变。如果我们去研究"最佳实践"这个词，你就会发现，它是 20 世纪 70 年代工业界最流行的词语，并且在许多不同的领域被大量使用，成为诸如科学技术、建筑、营销、运输、商业管理、城市规划、银行、人力资源、会计、保险等行业的流行语。"最佳实践"意味着在解决某类问题上所采用的应对策略可以被复制到类似的场景中。

在变化缓慢的社会中，"最佳实践"是有意义的，但今日的社会早就变成动态复杂的世界，我们所在的环境充满着高度不确定性，未来会发生什么难以预测。如果我们依然运用过去的成功经验或"最佳实践"去应对新的问题，很难真正地解决问题。

2022 年 4 月初的一个凌晨，我在家中被急促的敲门声惊醒，开门一看，两位身穿防护服的"大白"要求全家进行核酸检测。当天上午，全楼居民因为被定义为"密接"而被要求尽快收拾行李到酒店隔离。隔离酒店的空间有多大？在哪里？我能否和上小学的女儿一起居住？究竟会隔离多长时间？隔离酒店能否买外卖和网购？……没有人能清晰地回答这些问题，更没有人来安抚人们的情绪。对于这种情况，我们毫无经验。于是，我和妻子按照过去出国旅行的标准快速收拾行李。临走时，女儿说她想带上一棵刚发芽不久的小植物。一个月前，她在学校领到凤仙花种子，这粒种子在家里种下后刚长到一根手指那么大。我对女儿说，随身携带的东西可能都要消毒，它可能挺不过去。但女儿执拗地将小花盆捧在手上，我也只好放弃劝阻。没想到这棵小小的植物挺过了防疫消毒，还在小小的酒店房间里越长越高。我们每天给凤仙花浇水、放音乐、和它聊天……谁能想到，正是这一抹生机，让我和女儿心中多了一份安定和喜悦，帮助我们度过了 20 天难熬的日子。后来在和邻居们的交流中发现，我们是唯一带着植物隔离的。这一决策并不是基于过去的经验或理性的思考，而是女儿对当下的感知。在动态复杂的世界里，过往经验的有效性大大降低，我们需要做的是去感知当下，然后再作出回应，而不是回到过去的经验或心智模式里寻找答案。

不仅我们的个人生活中充满了动态复杂，整个世界也是如此。俄乌战争、伊以冲突、日本核污水排放、美元霸权的跌落引发的全球政治和经济格局的变化……这些问题都异常复杂，且发展速度极快，显然无法依靠过去的经验去应对。如果我们陷入自己的心智模式中，不能看见它且为自己松绑，就无法适应这个复杂的时代。

然而，为自己松绑又谈何容易。我们从一生下来就开始构建心智模式。孩童和少年时的我们非常开放，因为我们对各种情况的应对之法还没有被固化，至少固化得还没有那么深。我们愿意开放地去探索和了解世界。随着年龄和阅历的增长，我们逐渐构建出一套与自己、与他人、与世界互动的系统。古人云"四十不惑"，我想那并不是真的不惑或活明白了，而是因为我们有了一整套理解世界的完整系统，我们以为自己不惑了。这套系统非常坚固，要想放下陪伴自己那么多年的"伙伴"，转变心智模式，这真是一项大工程。但在这个复杂的时代，不转化心智就会走向一条更加痛苦的道路，你会如何选择呢？

集体心智的力量

我们每个人都有自己的心智模式，而由于国家、民族、宗教、社团、企业、学校、家族这样的集体存在，一群人也会对某些事情秉持一致的观念、假设，由此构成集体的心智模式。它可以表现为人们共有的文化、风俗、习俗、传统、价值观、信仰、原则、理念等。这些共有之物与个人心智模式类似，有着相似的特点——稳定、坚固、隐性。而社会的方方面面就建立在集体心智的基座之上。

塑造现代世界的最为根本的集体心智起源于 400 年前的 17 世纪，那也是一个混乱的时代。当时以封建主义、王国和霸权宗教为主导的旧世界尚未完全消亡，而以贸易、商业和民族国家为主导的现代世界刚刚诞生。整个世界正处于危机与混乱之中，集体生活的意义和方向不甚清晰。资本主义世界体系首次开始形成，确切地说，这是现代性开始的时期。17 世纪之前，没有什么像大规模资本主义那样的东西。1640 年以后，资本主义组织模式在欧洲加速发展，并通过殖民体系向全世界扩张。作家、未来学家萨克·斯坦因（Zak Stein）认为这样的时代既不属于过去，也不属于未来，而是处于两个时代的中间点。旧世界垂死挣扎，新世界开启在即。

在那个大转变的时代，天才辈出。伽利略、开普勒、培根、笛卡尔、牛顿、莱布尼兹、玻意耳、霍布斯、约翰·洛克等一大批科学和思想的巨人成为欧洲科学革命和启蒙运动的主角。他们的贡献，彻底改变了人们的世界观、宇宙观，人类社会产生了新的思想体系，完成了从中世纪到近现代世界的转变。正是这一个世纪的巨变将西方文明推上了人类历史舞台的正中。接下来，我们一起来探索 17 世纪在欧洲大陆上演的这幕大剧究竟对人类的集体心智产生了怎样的影响。

欧洲的启蒙运动强调人类理性的重要性，认为人类通过理性思考可以获得真理。笛卡尔指出，许多我们认为是真的东西都可能是错误的，如感性经验、传统观念、宗教信仰等，这些信仰不能成为我们探求真理的准则。因此，我们必须怀疑所有这些信仰，实现思维上的解构，从而有机会找到真正可靠的知识。这种思想对人们的世界观产生了深远的影响，人们开始更加注重独立思考的能力，而不是盲从传统或权威。笛卡尔最主要的哲学思想被称为"心身二元论"和"唯理主义"。他认为人的思维和身体是两个完全独立的实体，思维、意识、感觉、情感等非物质的精神现象是属于心灵的，而身体则是属于物质的，对于物质世界的研究需要通过逻辑和数学来进行，只有逻辑和数学可以被认为是真正的知识，而其他任何知识都需要通过逻辑和数学来证明。这种观点导致了科学和哲学之间的分离，使得科学越来越强调实证和实验，而哲学则更多地关注思辨和理论。于是，科学家们开始使用观察和实验的方法来研究自然现象。

这种基于证据和数据的理性方法，迅速取代了传统的信仰和神秘主义。伽利略通过望远镜观察到了天体的运动规律，开创了现代天文学；牛顿发现了万有引力定律，建立了经典物理学。牛顿在研究万有引力和运动定律时，主要运用了数学和逻辑的方法，通过推演和证明得出了他的理论。他认为，自然界的运动和变化可以通过数学和几何的方式来描述和解释。1687 年，在牛顿出版的《自然哲学的数学原理》中，他提出"机械宇宙观"来解释这个世界的运作方式：宇宙是一个巨大的机器，所有物体都服从相同的物理规律。牛顿的机械宇宙观是理性主义的极致体现，在数学和逻辑是普遍且必然的这种视野下，这个世界是清晰的、明确的、可衡量的和确定的。一方面，机械宇宙观推动了物理学、数学、化学等学科的发展，为现代科学方法的确立奠定了基础，是现代科学和文明的重要里程碑；另一方面，机械宇宙观忽略了人类感性和情感的层面，过度注重理性和技术。由此，牛顿与笛卡尔一起埋下了人类与自然分离、人类与自我分离的种子。

17 世纪对现代世界产生影响的还有另外一个重要人物——杨·阿姆斯·夸美纽斯（Johann Amos Comenius），西方近代教育理论的奠基人。夸美纽斯教育思想的核心是泛智论，即让每个人都通过教育获得知识，让智慧得到发展。他认为教育是每个人的权利，不仅限于贵族子弟，他主张对所有人进行普及教育，以促进社会进步和发展。这一思想深刻影响了 18 世纪和 19 世纪欧洲的教育改革运动。在这一时期，欧洲各国开始实行义务教育制度，以确保每个人都能接受教育。夸美纽斯的教育思想也受到 17 世纪兴起的理性主义的影响，他强调教育应该像科学一样进行，有一定的规律和方法。通过系统地论证，夸美纽斯在他的著作《大教学论》(*Didactica Magna*) 中第一次提出了全面的"现代"教育理论，第一次提出了班级授课制的系统理论，以及相关的学年制、学日制、考试制度等内容。他认为将教育内容、方法和评估标准进行标准化设置将迅速提高教学效率，促进教育资源公平分配，提升学生自主学习和集体学习的能力，激发教师的教学热情。1957 年，联合国教科文组织举行会议，庆祝夸美纽斯的《大教学论》出版 300 周年。夸美纽斯在他生命的最后时刻完成了这套四卷本的著作，它是有史以来出版的最具影响力和革命性的教育书籍之一，包含了 17 世纪欧洲教育改革的智慧。《大教学论》体现出的系统教育方法在当时是令人难以置信的革命性想法，对后世影响深远。

夸美纽斯对现代教育的贡献是巨大的，也如先知般在人才培养模式上为 18 世纪的工业革命做好了准备。在关于泛智学校的论述中，夸美纽斯认为教育应该是机械式的，"一切都是进行了确定无疑的规定""学校……就应该让它的运行像十分精确的钟表那样，里面有维持自身运转所需要的一切，一点没用的东西都没有，即使是那些最小的轮子、圆柱或齿轮也都是有用的。这些零件都有自己固定的位置，都是只有在受到重力作用时才会转动，而且是有规律地转动，它们的转动让人联想起天的转动和时间的推移"。他不断地把学校比喻为工厂，"制度让学校成为一座智慧的工厂"，在理性主义时代，这是可以理解的，毕竟工厂是先进思想的代表，将要迎接改变人类历史的工业革命的到来。夸美纽斯的思想是美好的，他希望未来的世界是一个以教育为中心的社会，人人享有和平、爱和普世智慧；他希望每一个被接收进入"文明作坊"的孩子，都能够成为"真正的人"。然而，一旦世俗的、资本主义和民族主义的现代性全面展开，他的愿景基本上就被遗忘了，可他提出的工厂式的学校教育方法却得到繁荣。

西方理性主义、科学革命、身心二元论、机械宇宙观……在塑造现代文明的同时，也让人类踏上了身心分离的道路。而学校工厂的现代教育模式，则使身心分离的状态以代际传承的方式不断巩固和加剧。彼得·圣吉在他的《知行学校》（*School that Learn*）一书中专门讨论了学校工厂是如何孕育机械性思维的，并讲述了这样的思维方式如何塑造出身心分离的一代：

> 虽然学习发生在整个身体之中，但传统的教学却基于这样的假设：学习是纯粹的思维活动，只需要学生大脑工作就可以了，身体的其他部分可以暂且搁置一旁。这种观念所造成的结果就是被动的学习环境。书本和老师授课主宰一切，学生是接收器，只是被动地接受所谓的知识——大多数不过是事实数据，以及早已预先设定答案的问题。
>
> ……当我们假设学习仅仅在头脑中进行，大部分造就我们成为人的东西就都被我们全然否定了。

学校工厂是工业文明的一部分，它的出现无疑与那个时代先进的、主流的思想是一致的，是那个时代集体心智的体现。尽管有一些批评的声音出现，但收效甚微。例如尼采认为机械化社会"背离了人类的本性和价值，使人们沦为机器的奴隶"[1]"机械化的生活方式使人们忘记了生命的真正意义，追求虚无和表面的享乐"[2]。这些在千禧年后听起来让人如梦初醒的句子，在150年前却无法阻挡时代的车轮沿着现代性的方向

1　尼采，《查拉图斯特拉如是说》，商务印书馆，2023。

2　尼采，《悲剧的诞生》，商务印书馆，2012。

前进。两百年间，学校工厂培养出了无数代符合机械化社会需求的年轻人，他们将工业文明发展到极致，创造出一个能够养活80亿人口的物质世界，可心灵的发展却被放到一旁。工厂的生产线上不需要心灵，战争的炮火中不需要心灵，资本的幽灵也不需要心灵，在权力的魔爪之下，对心灵的追求更成为一种笑话。以至于在今日世界，人类几乎要成为资本和物质世界的附属品，人们为获得更多物质财富和外在激励而活着，精神和心灵层面的需求则被搁置在覆满灰尘的箱子里。

多年前，彼得·圣吉曾经向南怀瑾大师请教，到底是什么造成了当今社会的问题，南老师的回答是：这一切都源于人的心灵与物质之间的关系出现了冲突，我们只有重建心灵与物质的关系，这个社会才能够归于和谐。重建心灵与物质的关系，是人类迈向未来的桥梁，也是教育工作者当下的重要使命。似乎，我们又来到了本节开头提到的"处于两个时代的中间点"。在有生之年，我们有可能看到旧秩序的终结和新秩序的诞生，我们将体验到"混乱"，并见证搭建"桥梁"的过程。量子计算、人工智能、机器学习、基因编辑和基因疗法等新技术不断涌现和快速发展，经济霸权大规模转变已经开始，上一个长周期进入尾声[1]，组织形态、文化模式和意识观念的变化也在系统的边缘处发生着，这些都是世界体系大转型的关键特征。

今日的教育正处于颠覆和创新并存的阶段。要颠覆的并不是教育本身，而是那些固有的心智、观念和假设，它们创造了今日的教育，也阻碍着我们去探索和创造新的可能性。如果不将其打破和改变，我们就难以走向新的世界。而要创新的，则是如何重塑教育，让它成为文明转型

---

1 乔万尼·阿里吉（Giovanni Arrighi）在他的《漫长的20世纪》一书中提出了"世界体系理论"。他认为，全球经济体系由一系列长周期组成。在他的分析中，最近一个主要周期始于20世纪30年代，以美国为核心，以美元为主导货币，这个周期已经接近尾声，他预测了一个新的全球经济秩序的内在诞生。

的支点和桥梁，让人类的内在力量得到激发，弥合心灵与物质之间的冲突和分离，从而让人类有机会迈向更高阶的文明形态。

觉醒的当代教育者

在彼得·圣吉构建的系统冰山中，心智模式被放在了冰山的最底层，向上依次是系统的结构、趋势、事件。

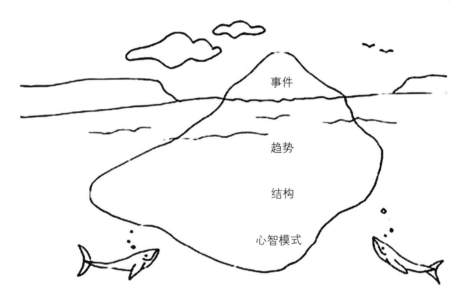

在四层冰山的模型中，越往下，越不容易被感知和洞察，但越往下，却往往越是解决问题的关键点或杠杆。心智模式被放在了系统冰山的最底层，意味着一方面，在创建整个系统的过程中，心智模式起到了根本性的作用；另一方面，仅仅改变问题的表面是不能持久、深入地转变整个系统的，心智的转变是整个系统转变的前提和基础。

上一节我们谈到了 17 世纪以来，西方文明以理性主义和身心二元论为根本心智，创造了以技术革命、金融资本、物质主义为主要推动力的今日世界。相反，这些在结构层面上的驱动力量又在不断地强化人类的心智模式。我们越是掉入物质主义的陷阱，就越依赖于外在世界，因而导致更大的身心分离。这是一种并不容易看见的危机，它比生态环境、地缘政治、疫情传播、民族主义、贫富分化、金融体系崩溃、冲突与战争等问题更为底层，导致了整个人类文明的底层意识或心智层面的危机，我们可以把这样的危机理解为"元危机"。

从系统冰山的视角来看，如果我们不深入到意识、精神或心智层面去解决问题，而只是在结构层面发力，虽然会有一些短期的效果，但依然难以让这个世界发生深刻的转变。这种感觉就好比你和队友在陌生的山林里迷路了，你们之间因为相互责怪而发生了一些冲突，导航设备也出了故障，周围的环境非常寒冷，不适宜长时间停留，但相比这些问题，更大的问题是，因为疲倦和失温，你的意识变得不是那么清醒，你需要尽快解决这个问题，才有能量和机会扫清其他障碍。组织管理领域的前沿思想家玛格丽特·惠特利（Margaret Wheatley）早就有这个认知了，她在 20 世纪 90 年代出版的《领导力与新科学》中就已经谈道："我们该有一个新的世界观了，让它指引我们在混乱的时代前行。我们不能再指望旧的导航图……越是依赖它们，我们就越会迷失方向。"

如何孕育面向未来世界的心智？我相信，身处大混乱的 17 世纪、400 年前的夸美纽斯在写《大教学论》的时候就思考过这个问题，他的答案是学校教育。如果夸美纽斯在今日世界醒来，他会发现这个时代比 17 世纪更加混乱、癫狂，可问题的答案依然是教育。在混乱的时代，教育总是扮演着未来世界的助产士。通过它，我们可以在垂死的世界中诞生新的世界。这样，新的观念就能通过一代代人的不断创造和传承巩固下去。没有教育，我们就只有暂时的解决办法。

20 世纪以来，已经有一批教育工作者为此做出了努力，他们清晰地意识到当下的世界存在的根本性问题，并以此为出发点去开展工作，去唤醒更多的人。以下是一些典型代表人物。

鲁道夫·施泰纳

20 世纪初期的欧洲正处于新一轮巨变之中。一方面，工业革命和科技进步带来了前所未有的繁荣和发展，但同时也带来了许多社会问题和矛盾，如劳工问题、城市化和环境污染等。另一方面，第一次世界大战的爆发和战争的惨烈程度，使得人们开始反思现代文明的局限性和危机。在这样的背景下，奥地利教育家鲁道夫·施泰纳（Rudolf Steiner）认为，必须有一种新的哲学和文化运动来探索人类精神和心灵的发展，以及人类与自然和宇宙之间的关系。

1913 年，施泰纳创立了人智学，认为人类的精神和身体是不可分割的整体，人类的精神和身体都需要得到全面的培养和发展。他将这一思想融入他在 6 年后创立的华德福学校之中。在人智学思想的指引下，华德福学校非常注重学生的感性体验和直觉认识，常常通过艺术、音乐、手工活动等方式来培养学生的感性认识能力。这种将心灵、精神的培养与生活实践深度融合的整全教育观，不仅超前百年预言了当代"全人"的教育趋势，更在全球数十个国家催生出持续生长的教育生态，也印证了施泰纳对教育本质的深刻洞察——他重新定义了教育的目标，不是塑造适应社会的工具，而是唤醒完整的人性。

克里希那穆提

20 世纪的印度哲学家克里希那穆提（J. Krishnamurti）一直把教育作为他主要关注的方向之一。他认为，教育的最终目标是使学生成为完整、自由和幸福的人；真正的教育应该能够发掘学生的潜力，帮助他们实现自我价值和人生意义；而学校是一个学习生命的整体性及其完整性的地方，学校是老师和学生一起探索的地方，不但要探索外在的世界和知识的海洋，还要探索他们自己的内在世界。他在《教育与自由》中谈道："教育者必须关注学生的整个人格，不仅是智力方面的发展，还要关注学生内在世界的全面发展。教育者应该关注学生的幸福感和生活方式，不是机械式的生存，而是一种有活力而丰富的生命方式。为了达到这个目标，教育者必须关注学生的无意识和有意识的思想，即关注学生的全部生活过程。"

他希望通过教育，让人们能够清醒地意识到他们深受国籍、宗教、偏见、恐惧和欲望的制约，而这些制约不可避免地会导致冲突，只有通过深入的内在工作，他们才可能为自己的生命带来一种截然不同的品质。为了促进这样的改变发生，克里希那穆提还创办了众多学校，这些学校在培养学生学术能力的同时，还着力促进学生理智、情感与身体的和谐。他深信，"当理智、情感和身体三者处于完全的和谐时，心灵的绽放就会自然地、不费力地、完美地到来。作为教师，这是我们的工作和责任，而教育是人世间最伟大的职业"[1]。

1　克里希那穆提，《教育就是解放心灵》，九州出版社，2023。

帕克·帕尔默

提到培养完整的人，就必须要提到美国教育家帕克·帕尔默（Parker Palmer）教授。他强调教育不仅要落脚在培养完整的人，而且更重要的是，教师需要在教育生活中成为完整的人。1998年，帕尔默出版了《教学勇气》一书，他在书中写道："一个老师的内心世界，包含了他或她的身体、情感、思想和灵性，是他或她教学的根基。如果我们希望在课堂上创造出有意义的交流和学习，我们需要成为完整的人。"教师只有成为完整的人，才能够更好地理解学生，与学生建立起真正的联系，并帮助他们挖掘自己的潜力。帕尔默认为，成为完整的人需要教师对自己的内心世界进行探索和反思，并且有勇气去面对自己的不足和痛苦。只有这样，教师才能够真正地理解学生的内心世界，对他们建立起信任和尊重，从而创造出一个安全、具支持性和有意义的学习环境。对此，帕尔默在书中写道："教学，像任何真正的人类活动一样，源于一个人的内在状态，无论是好是坏。当我在教学时，我会将我的内心状态投射到我的学生、我的课程和我们共同存在的方式上。我在课堂上遇到的纠葛往往只不过是我的内在生活的交织。从这个角度来看，教学是对着灵魂的一面镜子。如果我愿意照这面镜子，并不逃避我所看到的东西，我就有机会获得自我认知——而认识自己对于好的教学同样至关重要，就像了解我的学生和我的课程一样重要。"

萨提斯·库马尔

用整体的视角去孕育完整的人，以此弥合身心之间的沟壑，这将是教育发展的重要方向，它将极大地促进人类社会的转型。英国环保主义者、和平活动家萨提斯·库马尔（Satish Kumar）所创建的舒马赫学院就是为了培养推动社会转变的领导者而存在的。萨提斯认为，现有的教育体系过于注重知识和技能的传授，忽略了人类与自然、社区和精神世界的联系，应该推行一种更加综合和全面的教育。他主张将自然、艺术、哲学等领域的知识融入教育中，在培养学生的多元智能和创造力的同时，让他们重塑与自我、与他人、与世界的连接。"我们需要一种教育，能够培养出富有同情心、爱心、创造力和宽容心的人，这种教育必须包括自然、文学、艺术、科学、哲学和宗教等方面的知识，以及对和平、环保和社会公正的关注。"

为了将这样的教育理念落地，在20世纪90年代初期，萨提斯在英国德文郡的一座庄园里创建了面向成年人的舒马赫学院。学院的教育理念以生态学为基础，强调人与自然、社区和精神世界之间的联系，以及可持续性和社会正义的重要性。学生将学习如何保护和管理自然资源、推动社会和环境正义、发展可持续的经济和生活方式、探索个人和社会的精神和心灵等方面的知识和技能。从更深的层次来说，萨提斯将舒马赫学院打造成了"自我发现的场所"。

与传统的学习方式不同，在社区活动中学习是舒马赫学院的独特场景。在为期几周的学习中，学员们一起生活，一起学习，一起工作，他们被分成几个工作小组，做饭、打扫、种菜、帮厨……而对话在劳动过程中不断地进行着，每个人都沉浸在持续的社区体验和令人兴奋的智力对话和讨论中。这种置身于大家庭中的感觉营造了安全、信任的氛围，进而激发出巨大的创造力，整个学习过程实现了萨提斯"手、心、脑三合一"的教育模式愿景。通过这些体验，学生被培养成为具有创造力、关怀和责任心的领导者和社会变革者，为构建更加公正、可持续与和谐的社会做出贡献。今天，舒马赫学院提供的具可持续性、创造性和综合性的教育方式受到了越来越多人的关注和认可。它的教育理念和课程体系已经成为可持续发展和社会变革领域的重要参考，对许多大学和研究机构的教育改革产生了影响。

陶行知

我国的著名教育家陶行知先生认为，教育应该关注学生的内在生命和成长，注重培养学生的人格和品德，促进学生的全面发展，而那些机械式学习的"传统教育"是扼杀人性的。他在 1934 年写的《杀人的会考与创造的考成》一文中，对旧的考试方法进行了严厉的批评与抨击。他说："学生是学会考，教员是教人会考，学校是变了会考筹备处。会考所要的必须教，会考所不要的不教，甚而言之不必教。于是唱歌不教了，图画不教了，体操不教了，所谓课内课外的活动都不教了，所要教的只是书，只是考的书，只是《会考指南》！教育等于读书，读书等于赶考。好玩吧，中国之传统教育！"陶行知先生一生坚决批判和反对旧传统中封闭式的、僵化的教育，倡导开放的、与生活实际紧密结合的新型教育，主张培养出鲜活而完整的人。1925 年，陶行知先生应邀前往南开大学发表了题为"学做一个人"的演讲，他在演讲一开始就提出："要做一个整个的人，别做一个不完全、命分式的人。"紧接着他连环发问："中国虽然有四万万人，试问有几个是整个的人？我自己是不是一个整个的人？"[1]在陶行知先生看来，一个完整的人要具备五个方面的要素：康健的体力、劳动的身手、科学的头脑、艺术的兴趣、团体自治的精神。

关于完整的人的阐述，也体现在陶行知先生提出的"千教万教教人

1　陶行知，《陶行知全集》第 2 卷，四川教育出版社，2005。

求真，千学万学学做真人"的理念中，这里的"真人"即完整的人。陶行知先生在《读书与做人》中曾经对"真人"做了详细的阐释。他写道："所谓真人，即完全的人，包括智慧、美德、文化、技艺、身体、心灵、社交等多方面的素质。真人应该具备高尚的品德，如诚实、正直、勇敢、谦虚、宽容、友爱等等。同时，真人还应该具备广博的知识和深刻的见解，能够在各种情况下表现出自己的才华和学问。"而要培养出完整的人，陶行知先生认为需要以"活的教育""活的教师"来培养具有生命力和创造力的新人，并在"生活即教育，社会即学校""教人教己""教学做、知情意、仁智勇合一"的理论基础上予以实践。这样就能摆脱以往对手脑分离、知识与生活割裂、精神与物质无法共存的"单极人"的培养方式。今日中国教育将"劳"加入了教育方针中，在过去德、智、体、美的基础上，提出了德、智、体、美、劳"五育"并举，并进行了新的解读，赋予了新的内涵。这是教育发展的新方向，是培养完整的人的新探索和里程碑。

叶澜

关注生命内在成长的教育者，有的人建立了一所学校，有的人创建出一种理念，有的人设计出一套教学模式，而华东师范大学的终身教授叶澜先生的做法则是创建了一个研究场域——"生命·实践"教育学派。她带领着一批新时代优秀的中青年教育工作者，以"教天地人事、育生命自觉"为学派的价值导向，将教育研究与教育实践相结合，推动学校从冷冰冰的"大工厂"，转变为师生开展教育活动的"生命场"。

在叶澜教授的著作《回归突破："生命·实践"教育学论纲》中，她是这样来描写"生命·实践"教育学派的："如果让我用一句话来表达'生命·实践'教育学是怎样一种品性的教育学，我会这样说：'生命·实践'教育学是属人的、为人的、具有人的生命气息和实践泥土芳香的教育学。"这一教育学派不仅关注生命，而且根植于中国文化传统，叶澜教授提出的教育信条"教天地人事，育生命自觉"就是最好的体现。"天地人事"是中国经典而常用的表达，"教天地人事"是用大自然和人类文明的财富，丰富受教育者的精神世界，是教育中认识外部世界、学会生存、学会学习、学会创造等重要的基础性任务。"育生命自觉"是教育中指向内在自我意识发展的重要使命。在叶澜教授看来，"教"让人认识外部的"天地人事"，"育"让人长出内在的"生命自觉"，由此，人与外部世界的关系有可能从分裂转化为复合、理解、协调且自主的生存方式，这样才有可能改变中国近代教育将学科教学与人的精神世界、人格培养割裂的基本格局。

而"教天地人事，育生命自觉"这一教育理念的实现，也需要"日常教学中春风化雨式的跬步之功"。为此，她提出了"让课堂焕发出生命活力"的教学改革目标。她希望打造这样一个课堂：师生不只是在其中教和学，他们还感受到生命的涌动和成长，学生能够获得多方面的满足和发展，教师的劳动也能够闪现出创造的光辉和人性的魅力。她觉得教师不应该将自己仅仅定位为"知识的传递者"，乃至辛苦的"搬运工"，而应视自己为学校生活、教育世界的创造者角色，因为"教师在学生面前呈现的是其全部的人格，而不只是'专业'"。不难看出，叶澜教授关怀的是在教育场域中的每一个生命体，她也将"让生命绽放"作为自己的价值追求："教育是这样一项事业，你要作为一个教育者，你一定要使自己变得更美好，然后你努力地使学生通过你的教育变得更美好，这都是我的价值和目标追求，这就是我为什么讲'生命·实践'的原因。"[1]

1　本段内容参考了《文汇报》记者陈瑜的报道，《叶澜：做有生命气息和实践芳香的教育学》，2023 年 1 月 19 日。

教育者的当代使命

写到这里，让我们跳出教育家个体的视角，从 2500 年前出发，再一次勾勒教育工作者在今日的使命。德国哲学家卡尔·雅斯贝尔斯（Karl Jaspers）把公元前 500 年前后的这段时间称为"轴心时代"。他发现人类文明在这段时期出现了一种新的形态，即以中国、古印度、波斯（今伊朗）、古巴比伦（今伊拉克）和古希腊等地为中心的文化圈开始相互交流和影响，这些文化圈共同构成了一个全球性的历史时代。在这短短几百年的时间里，世界上爆发性地出现了一大批伟大的思想家，他们的思想几乎决定了之后几千年人类精神世界的格局。

- 中国：老子生于公元前 571 年，孔子生于公元前 551 年，墨子生于公元前 476 年（一说公元前 480 年）。
- 古印度：佛陀释迦牟尼生于公元前 623 年。
- 波斯：琐罗亚斯德生于公元前 628 年。
- 古希腊：赫拉克利特生于公元前 540 年，苏格拉底生于公元前 469 年，柏拉图生于公元前 427 年。

这场思想盛宴对人类的精神世界造成了巨大的冲击。首先是形成了影响世界的宗教——中国产生了道家，道教成为中国的本土宗教；印度产生了佛教和耆那教（Jainism）；而古波斯国产生了拜火教。其次是对生命意义的关注。无论是中国的老庄和儒学、印度的《奥义书》，还是古希腊的哲学思想，都在探索我们的人生哲学和人生意义。这些先贤们的思想让人们意识到，原来我们可以用爱、慈悲、理性、道德这些内在力量去超越肉体的局限性，从而更加深刻和完整地认识世界和自我，实现人生更大的价值。可以说，那个时代诞生的智慧是一种启发心智的智慧，它激发着更多思想的产生，而不是把人们的思想和视野局限在某个狭窄的维度上。那是一次人类在精神世界的集体畅游。从那以后，人类再也没有如此大规模地关心过自己的精神世界，转而关心起自己的肉体与感官。

在接下来的 1000 多年里，人类文明并没有再发生颠覆性的突破和转变。封建君主、帝王或者主教们出于权力的需要，选择性地继承着先贤们的思想，文明温和而缓慢地发展着。直到 17 世纪，西方才陆续出现了一批新的思想家、理论家和发明家。他们并没有完整地继承轴心时代的古老智慧，而是选择了古希腊哲学这一支，用理性和解析式的眼光去理解世界、认识世界，为人类身心分离提供了心智层面的基础。

接下来，随着三次工业革命的发生，技术革命和金融资本成为整个世界前进的驱动力，企业家和金融资本家成为最有影响力的人。从本质上看，绝大多数的企业和金融资本的目的都是建立一个以产品、消费、成本、利润为核心的物质主义世界，只有这样它们才能持续地存在下去。这就必然让人们陷入某种狭隘的认知或心智当中，或者从一种狭隘的心智跳入另一种狭隘的心智，只有这样它们创造出来的产品／模式才有人认同和使用，才能使它们区别于竞争对手，才能让它们创造的小世界或小系统运行下去。因此，人类的眼光越来越被局限在某个单一维度上。这是人类越来越陷入迷茫、失去意义感、深陷自我冲突、难以产生大师的重要原因。虽然有所创新，但也只是在一个有局限性的维度上越走越远，例如元宇宙的概念，它表面上扩展了人类的想象力，但底层逻辑却是在激发人们占有的欲望，以强烈的感官刺激让人深陷其中，难以自拔。

回顾人类历史，人类社会发展的引领者从 2500 年前的先哲们，到封建帝王、君主、大主教，再到今日的企业家和金融资本家，人类的心智从开阔之地逐渐走入幽深的峡谷，我们需要一次新的心智跃迁以重回开阔之地。企业家和金融家是无法胜任这一重担的，因为在本质上，他们的运作会导致人类心智趋于固化——或许这并不是他们每一个人的本意，但他们共同创建的商业系统确实如此。而要打破当下的局面，需要更多敢于突破心智局限的人，只有这样，这些人才有可能不被时代所局限，才有机会带领人类走出困境。

在当下，我想象不出还有谁比教师更适合承担启迪人类心智的工作。教育者的核心工作甚至应该就是启迪心智，而绝非传递知识——尤其是在 AI 不断涌现的时代。所有的教学活动，都需要将启迪心智作为主要出发点，教师越是把启迪心智作为自己的首要工作，就越有机会推动真正的教育创新发生，甚至是教育变革。这样才有可能培育出敢于打破自我、独立思考、大胆创新的一代新人，这样才有可能带来人类文明真正的升维转变。我们需要重新看待教师和教育工作者的价值，他们不只是国家政策的执行者，如果仅仅这样来理解教师，那么他们的价值就被大大地低估了。他们需要被赋予更大的空间去完成使命。

我相信，由教育者或者教师引领人类进步，是一条人类文明实现可持续进化的道路。这也是超越二元局限，摆脱元危机，重新理解、回归和传承 2500 年前的元智慧的过程。然而，这条路非常具有挑战性。要知道，教育是一个复杂的系统，它的转变缓慢而艰难，要想改变，不能等待整个系统的变革，身在其中的教师们需要从自身出发去做些事情。

教师首先要为自己松绑，为自己的观念松绑。很多时候他们在无意识的状态下为自己的心智罩上了玻璃罩，当教师打破数百年来工业社会构建的束缚，就能重建心智，就能去启迪更多的孩童，唤醒他们的内在智慧。这个转变和打破，并不是要教师做出牺牲，恰恰相反，教师要做的是要重新找到滋养自己教育生命的东西，我相信，那一定是与完整的自我相连接的，一定是与 2500 年前的智慧相连接的。当越来越多的教师被这些智慧所滋养，他们自然会找到生命的突破口，当越来越多的教师成为鲜活而绽放的生命时，这个时代的转变也必将发生。

教育心智的五种转变

既然要重建心智，那么，教师需要完成哪些心智转变呢？我将在本书中用五章的内容来回答这个问题。在这里，我先概要性地描述心智需要做出的五种转变。或许这里的描述并不能清晰地解答读者"为什么会是这五种""它们对我到底意味着什么"诸如此类的问题，我邀请大家带着这些问题阅读后续相应章节，相信大家会找到答案。

初识转变

接下来我会描述五种心智转变，但限于篇幅，对于转变为什么需要发生，在这里我只是进行非常简略的解读。同时我会以短句的形式，将每种心智的主要观念和假设进行呈现，或许其中的某些句子会与正在阅读的你产生共鸣，建立连接。在这里，我并没有刻意用教育场景来表达，因为心智是超越职业的，它潜伏在人心的深处。各位在阅读的时候或许能感受到这一点。关于五种心智转变更加深入的解读，将会在第二章至第六章详细讲述。

转变一：从控制到开放

人类社会之所以能够发展到今日的文明水平，一个很重要的原因就在于社会发展的稳定性。如今尽管仍然有天灾、战争、大规模疾病、政权更迭的出现，但相对于远古人类的生存条件而言，不知道要稳定了多少倍。而随着人类社会的发展，我们也越来越依赖于这种稳定性，我们渴望确定性和掌控感，但这其实是一种假象，变化才是真实的。我们越期待确定、渴望掌控，我们就越难打开自己的心智。只有开放地感知当下，我们才能找到解决复杂问题的有效方法。我们只有承认和接纳不确定性，才能找到与之共舞的方法；相反，如果我们对抗，文明就会衰退。

控制的心智

- 人类是世界的主宰。
- 我掌控的越多，我拥有的就越多。
- 确定的，才是安全的。
- 过去有效的，今日依然会有效。
- 如果结果不确定，我宁愿不去尝试。
- 只要控制，就能获得想要的结果。
- 不确定会让事情变得糟糕。
- 恐惧、焦虑、愤怒这些情绪是不好的，我需要避免。
- 学习不是由学生的好奇引发的，学习是按照编教材者的安排而发生的。

开放的心智

- 不确定是世界本来的样子。

- 确定性是我们自制的假象。

- 冲突不是坏事，深入冲突，我就能看见彼此如何连接在一起。

- 不带任何评判地倾听，才能真正地理解彼此，从根源上解决问题。

- 面对复杂的问题，开放地倾听和感知比快速得出结论更重要。

- 与不确定性相处的方法并不是去追寻确定性，而是带着好奇与不确定相处。

- 生命中充满了惊吓，也充满了惊喜。

- 确定结果的旅程无法让我充满激情。

- 我不需要知道所有问题的答案。

- 如果教师承认自己的无知，那么学生将会学到更多。

- 让自己保持在当下，四周所发生的一切都将是我的资源。

转变二：从匮乏到富足

随着物质文明的发展，人们在工厂劳动中开始异化。对精神世界的忽略，让人们慢慢地将关注的焦点放在了外部世界，并以此来评价自己。人们变得关注自己没有什么，关注如何才能获得他人的认可和财富。我们越是从外部对自我进行评价，越是感觉工作不够好，样貌不够美，赚钱不够多……因而产生匮乏感，进而又向外部世界不断地抓取。殊不知，这样的匮乏感如同黑洞，无法通过向外获取而消除。我们需要向内探索，看到我们内在的品质——善良、诚实、勇敢、慈悲、仁爱等，它们一直都在，也不会被别人拿走。当我们感受到自己的内在是富足的，就会停止向外索取，转而慷慨地面对世界，乐观地面对困难，也更具创造力与合作意识。要实现这一转变的困难在于，我们需要摆脱现代世界的游戏规则对自我的约束。

匮乏的心智

- 只有我足够好，才能被爱 / 被认可 / 被接纳……
- 我还不够好，我不值得被认可。
- 只有满足父母 / 老师 / 老板的期待，他们才会爱我 / 喜欢我 / 认可我。
- 我的价值由社会标准评价来决定。
- 无论我如何努力，我的能力就只能这样了。
- 失败或犯错意味着我不够好，我能力不行，所以我不能失败。
- 失败或犯错意味着我不够好，我能力不行，所以我要把失败的原因归罪于外部。
- 我需要不断证明自己是有价值的，才感觉安全。
- 一切都是不够的——时间不够、金钱不够、资源不够……
- 满足我内心的欲望，就能带来短暂的安宁。
- 我是无力的。
- 对于我来说，这个世界是有条件的。

富足的心智

- 匮乏感是老师，是对我的提醒，让我去发现问题的根源。
- 只要我不断努力，我的能力一定可以提升。
- 将失败、挫折、困难看作成长的邀请。
- 我不依赖于任何外在的事物而存在。
- 我已经拥有了足够的资源去面对生命中的挑战。
- 我愿意从不同的角度去看世界、看他人、看自己。
- 生命不是一个等待去解决的问题，而是一个亟待去探索的奇迹。
- 每一个系统中都包含解决自身问题的资源。
- 相信自己内在的品质——善良、诚实、勇敢、慈悲、仁爱、幽默……它们一直都在。

- 如实地面对真实的自己。

- 接纳自己的不完美，接纳他人的不完美，接纳世界的不完美。

- 我无须完美，如此就有无限的可能去成长。

转变三：从分离到整体

世界如生命体一样，是整体合一、相互连接的，内在和外在、个人和集体、人类和环境不可分割。在这样的系统中，构成系统的诸多要素和要素间的关系都非常重要。然而从 17 世纪西方理性主义兴起之后，人类文明的发展方向就转向了以解析和二元的视角去理解世界。在主流世界里，人们把注意力主要放在了对系统要素的理解和分析上，而非对要素间关系的探究上，并由此构建出一整套理解世界的观念和方法。从系统的视角来看，对整体和关系的忽视，必然会带来长期且深刻的问题。随着人类社会日益复杂，各类问题积重难返，要想彻底解决今日的问题，必须要促使更多的人意识到分离心智造成的后果，并使他们的心智向整体心智转变。

分离的心智

- 以静态思考的方式看待问题，解决问题只有"非此即彼"的刚性选择。

- 头脑的思维是最可靠的，身体的感受和情绪不需要关注。

- 决策的时候只考虑当下的收益和风险。

- 我要展现完美的自己，不好的部分需要隐藏起来，这样才能得到认可。

- 学习和工作要符合大多数人认可的标准，隐藏自己真实的想法。

- 我只需要做好我分内的工作，至于这个事情未来有什么负面影响我不需要考虑。
- 上级要求我这样做的，我只是个执行者。
- 流程就是这样安排的。
- 将问题留给子孙后代去解决。

整体的心智

- 世界是一个相互连接的整体。
- 见树木，也见森林。
- 把差异当成世界本来的样子，把差异当成理解世界的资源。
- 当出现问题的时候，去责怪和抱怨是无用的，要转而关注系统的内在结构，找到影响系统行为的关键要素，了解它们之间的关系，分析是怎样的结构使得系统产生了这样的结果。
- 将难题放到更大的系统中去考虑，它们就会显现出全新的景象。
- 因和果不一定紧密相连，很多事情的结果，并不是立刻就会显现，我们需要有耐心和远见。
- 在任何一个复杂的生命系统中，都没有简单的因果关系。
- 打开自己，去倾听，去理解，就能够为生命的成长创造一个广阔的空间。
- 将头脑、心灵、身体共同融入学习之中。
- 我们追求完整，但不追求完美，教育的意义就是帮助学生活出真实而完整的自我。

转变四：从症状到根本

从系统的角度看，每一个问题都有症状解和根本解。症状解专注于短期内消除问题的表面症状，而根本解专注于从问题的根源入手，将问题彻底解决。二者本身都有其存在的意义，但从今日世界的发展趋势来看，人类社会陷入了症状解的泥沼之中。这是由于人类社会变得越来越复杂，我们很难看到自己的行为对系统产生的负面影响。还有一些人虽然看到了这种影响，但因为负面效应在多年后才会产生，于是选择对负面影响视而不见。资本的力量也不可小觑，物质主义让我们做出及时行乐的决策，至于这个世界会怎样，退化的大脑也就无从考虑了。当今世界的问题，都是复杂的问题，都需要所有相关者共同为之付出努力，才有可能得到缓解或解决。当大多数人选择症状解的时候，选择根本解就变得更加困难。因此，在对下一代的培养中，需要把大系统观作为核心素养之一，只有让更多人深刻意识到我们都是系统的一部分，才有可能在各个层面的决策中去选择那些持久的解决方案。

症状解的心智

- 当问题的症状消失了，问题就消失了。
- 只要问题的症状消失了，我就无须对此负责了。
- 找出引发问题的责任人或者将责任推到其他人身上，问题就解决了。
- 我只对我此刻的工作负责。
- 对自己和他人不会立刻产生危害的行为就是可以接受的。
- 我想要，我现在就想要。
- 不能快速解决问题，就意味着我无能。
- 面对焦虑、恐惧、担心这些情绪最好的方法就是尽快把引发这些情绪的事情搞定。

根本解的心智

- 一个问题的根本解，可能是更大系统的症状解。
- 不和谐之声是系统最好的反馈，指引我们找到问题的根源。
- 如果我们的心智模式不发生改变，我们仍然会用固有的方式去解决新出现的问题。
- 根本解的源头是善良、勇敢、真诚、慈悲、慷慨、爱……
- 越放松，就越能够发现问题。
- 重要的不是没有问题，而是敢于承认问题。
- 快速的解决方法往往会产生更大的副作用，我们需要耐心去寻找根本解。
- 不要期待一次性就能解决问题，我们需要不断寻找最优解。
- 每一个不断出现的问题，都有一个复杂的结构和心智模式隐藏其中。
- 长久的愿景将为根本解指明方向。

转变五：从强大到柔软

千禧年后，"人类世"概念的提出，标志着人类对地球的影响已经大到无法忽略，人类活动对地球生态系统和大气层产生的破坏性影响是决定性的，并且还在加速。在人类集体变得更加强大的同时，人类个体却变得越来越脆弱。我们对外物的依赖越来越大，那些占有更多外部资源的人虽然看起来很强大，但其实他们也被这些外部资源所操控。在我们不断物化的同时，整个人也变得僵硬起来，情绪能量无法在身体内流动，也难以感知到他人的情感，由此造成了各种各样的身体和心理疾病。与此同时，强大的人类创建出一个非常复杂的社会，随着我们内在的物化，我们也变得没有能力去掌控这样的复杂，进而造成了今天复杂混乱的局面。此时，我们不应去外部寻找答案，也不应用复杂的技术去武装自己，而是要回到自身，重新恢复我们内在的流动、灵活、通透、柔软和感知力，如此，我们就不会被混乱的外部世界干扰，复杂问题的答案或方向自然会浮现。

强大的心智

- 占有越多，就越强大。
- 只有足够强大，才能够生存。
- 为了保护自己，我必须变得强大。
- 为了保护自己，我必须隐藏真实的自己。
- 封闭情感，这样我就能应对一切困难。
- 以复杂应对复杂。
- 人性让我变得软弱。

柔软的心智

- 面对内心的"恶魔"，我们越是对抗或逃跑，真我就越虚弱。
- 每个人的内在都有一个柔软的真我等待被看见，被接纳，被关爱。
- 让自己看起来很强大，只会让"小我"膨胀，让"真我"变得"虚弱"。
- 用爱和深切的关怀，便可培育出柔软的心灵。
- "放下"自我，才能服务生命。
- 水是柔软的，但并非无力，一旦明确了方向，便可冲破一切阻碍流向大海。
- 真正的强大，不是对抗，而是允许发生。
- 内心如水，就不会被轻易伤害。
- 想哭就哭，想笑就笑。
- 不纠结，不拧巴，简简单单，顺势而为。

心智光谱

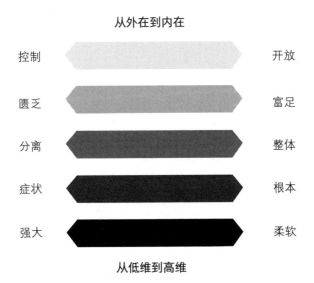

心智的混合体

虽然心智光谱将心智分成了左右两栏，但在个体身上，心智的状态常常是混合体，在某些阶段或某些场景下，其中一个维度会尤为突出。关于这一点，斯坦福大学的心理学教授卡罗尔·德韦克（Carol Dweck）深有感触。她在提出成长型思维和固定型思维这样一对心智模式之后，发现很多人一味地追求成长型思维，于是善意地告诫人们："实际上，每个人都同时具有固定型思维和成长型思维，而且这种情况会随着自身经历的变化而变化。我们必须承认……纯粹的成长型思维是不存在的。"[1] 其实，作为一个生命体，我们生而完整，因而在放松、没有压力

---

1 Carol Dweck, What Having a "Growth Mindset" Actually Means, Harvard Business Review, January, 2016.

的情况下，我们天生就有走向心智光谱右栏的趋势。换句话说，在生命自然舒展的情况下，我们就会展现出整体、开放、根本、富足与柔软的生命状态。但社会生活中的各种因素让我们不断地感受到某种力量在将我们拉回光谱左栏的状态，因此，在大多数时刻，我们并不处于极端纯粹的两侧，而是处在中间状态。而我们要练习的，并不是让自己时刻保持在开放、富足的生命状态，因为"刻意保持"本身就已经偏离了自然的状态。我们要练习的，是让自己的生命舒展开来，从一种机械的、刻板的模式中解放出来，回到生命本来的样子，此时，光谱右栏的生命状态自然会出现。

从外在到内在

如果仔细地感受光谱左栏的心智模式，它们都有一个共同的特点，都是以外部世界为参照，外部世界是它们关注的焦点——以外部世界的标准来评定自己的价值，认为要迎合标准才能得到认可；想办法减少外部世界的不确定性，想办法掌控一切，认为这样才能让自己有安全感；认为只有不断地得到更多的财富、名誉和更好的一切，才能让自己获得满足感和安全感；认为只要问题的症状消失了，就不用再操心了；认为必须隐藏弱点，让自己看上去很强大，才能在这个世界上活得更好。当我们把生命的目标放在外界，我们的内心便会涌现一种不断向外抓取的欲望，这是缘于我们想要得到的东西并不真正属于自己。因为不能持久地拥有，即便暂时地拥有了，也仍然觉得不够。想想看，你所拥有的金钱、名誉、控制权……真的是你的吗？这些东西你都有可能失去，它们并不真正属于你，你只是暂时拥有而已。当下的社会以各种各样的方式刺激着我们的欲望和恐惧，让人们总是想长久地占有某些并不属于自己的东西，人们也因此物化了、异化了，我们无法在这样的生命旅程中得到真正的满足和滋养。世界上大部分人忙忙碌碌一生，都是如此。

要让生命变得丰盈、自在，我们需要把注意力放到我们的内在。教师的心智进化是一条向内走的路，需要去发现那些本来就属于自己的宝藏或天赋——善良、幽默、正直、勇敢、真诚……而这些东西，不是别人给你的，也不会被别人拿走，找到它们并活出来，便有机会超越自我的局限性。一位开悟的大德留下了这样一段话：

> 我无法改变世界本来的样子，
>
> 但我可以向这个世界打开自己，
>
> 此时，我或许能感受到温柔、正直和勇敢，
>
> 这些资源一直都在，
>
> 对我们所有人都是如此。

这段话就像一束光，每当我对自己、对这个世界失去信心和耐心时，它总是会唤醒我去相信生命本质。

从低维到高维

心智光谱左右两栏并非对立关系，右栏相比左栏处在更高的维度。因此右栏并不排斥左栏，反而能够兼容它。就像三维并不与二维对立，而是允许二维的存在。例如，开放并不否定控制。开放的心智让自己能够对周遭的变化保持感知和深入理解，如果在解决问题时需要采取控制的举措，依然可以进行控制。开放并不是允许一切发生而置之不理，反而是能够在合适的时机采取恰当的行动。再比如，秉持根本解并非否定症状解的价值，根本解的实施通常需要较长的时间，而症状解的实施则可以为后续采取针对根本解的行动赢得时间。对于强大与柔软，举一个显而易见的例子，水给人的第一感觉是柔软灵动的，但它在需要的时候

也会爆发出滔天力量。

因为存在类似上述维度上的跃迁，所以心智进化的过程并不是一个简单的线性发展过程，也不是对过去的自我进行否定的过程，而是在接纳的基础上超越自我局限性的过程。举个例子，当我们感受到恐惧和焦虑的情绪时，我们隐藏、压制、对抗、忽视……这些回应都是在同一个层次上，都是在回应情绪本身。如果我们选择允许它们存在，并和它们在一起，和它们对话，倾听它们，了解它们，看见情绪的源头，这就进入了更高的维度或更深的层次，这样，真正的转变才有可能发生。

内在成长的时代

今天，所有人类都面临着共同的挑战。我们的技术力量呈指数级增长，但我们却没有足够的智慧去善用它们。我们建立了庞大而复杂的文明，但这种复杂性正展现出压倒我们的危险，给全人类和地球带来意想不到的严重后果。我们已经到达了一个临界点，我们要么转变为更先进的社会，要么面临崩溃的风险。这不再是某个国家和某种文明的兴衰——我们面临的是全人类的生存危机，这是人类历史上的第一次。

这些问题的根源在于我们如何看待自己、他人和世界，看待彼此间的关系，以及由此引发的行动。正是我们过去的认知将人类带到今日的危机中。当我们被这些问题逼到绝路上，无路可逃的时候，或许是一件好事，我们除了转变和超越，没有其他路可走。我们需要用新的眼光看待世界，我们需要重新认识我们自己，重新认识这个社会和世界。为此，我们首先要将眼光转向内在，让我们的内在得到成长，这是转变和超越的基础和起点。这将是一个全新的旅程，也是回到 2500 年前的旅程。我相信这次心智进化的旅程，将是推动人类集体跃迁的一个重要机会。

2017 年，美国管理顾问玛格丽特·惠特利出版了《我们选择成为谁？》(*Who Do We Choose to Be*) 一书。玛格丽特凭借对世界深刻而敏锐的洞察，描绘了当今世界所处的乱局，呼唤更多的"勇士"站出来，直面真实的世界，以无畏、温柔作为武器，展现他们的领导力，带领人们前行，让真正的智慧能够重新被看见。在开篇的部分，她向领导者们提出了一系列的问题，我想把这些问题也提给每一位教育工作者、每一位教师、每一位读者，以此来结束第一章的内容，也邀请大家带着自己的答案、困惑、疑问、好奇……阅读后续的章节。

> 在这个时代，你选择成为谁？
>
> 你是否愿意，
>
> 利用你所拥有的任何权力和影响力，
>
> 去创造一个智慧之岛，
>
> 唤起我们生而为人的美好品质，
>
> 并依靠它们，
>
> 去创造和孕育"新世界"，并坚持不懈？
>
> 此刻，我在问你！

每章十问

1. 你小时候的经历如何塑造了今天的你？

2. 你过去的教学经验或理念，哪些是有用的？哪些是失效的？

3. 你会用什么来比喻今天的学校？为什么？

4. 你信奉的教育理念是什么？它如何影响你每天的教育生活？

5. 在这个时代，你选择成为什么样的教师？

6. 你最想消除的观念或心智是什么？你最想发展出来的观念或心智是什么？

7. 用"我只有……才……"造句，你感受到了什么能量？可能的话，问问其他人能从中感知到什么。

8. 你所在的学校隐藏着哪些集体心智？它们对你自己和学校发展有什么影响？

9. 与初为教师的自己相比，内心是否依然充满好奇和柔软？变化发生的原因是什么？

10. 你认为 10 年后的教育会发生什么变化？哪些教育观念将发生改变？

第二章

从控制到开放

理性，这个被认为是理性社会的坚实基础，不过是潜意识海洋的表面，一个隐藏着冲动和欲望的区域。

——弗洛伊德

当下的局面

20 世纪的开端

第一次工业革命之后的 200 年里，人类文明有了长足的进步，各种难题被陆续攻克，对人们生活有深远影响的事物被陆续发明，人类利用地球资源的能力也越来越强。到 1900 年，世界似乎已经尽在人类的掌控中。英国物理学家大卫·皮特（David Peat）在他所著的《从确定性到混沌》（*From Certainty to Uncertainty*）一书中，从科技发展的角度，为我们勾勒出了一幅 20 世纪初的时代画卷。

1900 年 4 月 27 日，著名物理学家、英国皇家学会主席开尔文勋爵（Lord Kelvin）在皇家学会发表演讲，指出了"动力学理论的美丽和清晰"。那时，牛顿的经典力学已经扩展到物理学的方方面面，包括热和光。牛顿的运动理论已被一代又一代的科学家证实，它解释了从行星的轨道到潮汐的时间、苹果的下落和炮弹的路径等一切问题。而在此之前的几十年里，麦克斯韦已经建立了一整套关于光的权威理论。总的来说，牛顿和麦克斯韦的理论似乎能够解释整个物理宇宙中的每一种现象。

1900 年是非常稳定和让人类充满信心的一年，它见证了人类在科学、技术、工程、经济和外交等领域的诸多胜利。1900 年发明了闪光摄影技术，无线电首次实现语音传输。美国以法律形式确立金本位，成为金本位最后的信徒，极大鼓舞了资本主义世界的信心。1900 年也成为一个快速发现时期的顶峰。在它之前的两年里，居里夫妇发现了镭，汤姆森发现了电子，卡尔·冯·林德液化了空气，费利克斯·霍夫曼发明了阿司匹林。爱迪生发明的活动电影放映机（Kinetoscope）和声音的磁记录技术的出现一起宣告了电影时代的到来。

还是在这一年，冯·齐柏林伯爵建造了一艘飞艇，巴黎地铁开通了，伦敦迎来了第一辆摩托车。到 1902 年，人们已经习惯于通过电话和电报传输数据，也开始传输第一批传真照片。

1900 年，英国工会大会和工党也建立了联系，这一举动最终导致了英国国家福利体系的建立。有了这样一个改善社会的梦想，人们似乎有理由相信未来会得到更好的住房、教育和医疗服务。无家可归将成为过去，而那些失业的人将得到福利国家的支持，不再面临痛苦和困难。

欧洲在 1900 年也获得了巨大的稳定感。维多利亚女王自 1837 年开始执政，当时仍在位。她被称为"欧洲祖母"，因为她的孙辈仍是欧洲君主制的一部分。事实上，所有欧洲国家的国王和王后，以及俄罗斯皇室，都是由维多利亚女王主持的单一国际家庭的一部分。正是因为这个原因，外交官们相信，欧洲内部永远不会发生战争。

1899 年 5 月 18 日，26 个国家在海牙举行了世界上第一次和平会议。他们在那里建立了国际法庭来处理国家间的争端。会议宣布毒气、达姆弹和从气球中释放炸弹为非法武器。战争和国际冲突将成为过去。世界本身正在走向一个新的黄金时代，在这个时代，科学和技术将被用来为人类和世界和平服务。

　　20 世纪的开篇实在是太美好了，以至于美国人用这样三个词欢迎它的到来——和平、繁荣和进步。人们相信，20 世纪将是确定性的时代。然而，讽刺的是，20 世纪最终却以混乱、模糊和不确定告终。

　　同样是在 1900 年，马克斯·普朗克（Max Karl Ernst Ludwig Planck）发表了关于量子的第一篇论文，提出了普朗克公式的物理含义，引入了量子即能量最小单位的概念，点燃了量子革命的熊熊之火。那一年，年轻的埃尔温·薛定谔（Erwin Schrödinger）还在文理高中就读。一年后，维尔纳·海森堡（Werner Heisenberg）出生了。这三位物理学家即将掀起现代科学的伟大革命。1925 年，年轻的海森堡在一个僻静的小岛上休养时，提出了新的量子力学理论——海森堡矩阵力学。一年后，薛定谔发现波动力学和矩阵力学在数学上是等价的，由此这二者统称量子力学。

　　海森堡的不确定性原理是量子论中最重要的原则之一。它指出，不可能同时精确地测量出粒子的动量和位置，因为在测量过程中仪器会对测量产生干扰，测量其动量就会改变其位置，反之亦然。量子理论跨越了牛顿力学中的死角。牛顿力学以确定性和决定性来回答问题，量子理论则用可能性和统计数据来回答。传统物理学精确地告诉我们火星在哪里，而量子理论让我们就原子中电子的位置进行一场赌博。在量子世界里，我们无法确定电子将在哪一点出现，我们所能确定的，是它在某点出现的概率是多少。决定论被可能性替代了。海森堡的不确定性原理使人类对微观世界的认识受到了绝对的限制，并告诉我们要想丝毫不影响结果，我们就无法进行测量。

　　毫无疑问，量子力学是颠覆者和挑战者。在量子力学的本质特征中，最令人难以接受和最令人费解的特征是量子纠缠。"量子纠缠"的概念是薛定谔在 1935 年提出的。量子纠缠现象是指当物理学家把量子力学的态叠加原理应用到由两个或两个以上的粒子构成的复合系统时，表现出来的一种特有的量子现象，意指两个同源的微观粒子之间总是存在着纠缠关系，不管它们相隔多远，对一个微观粒子的扰动，会立即引发另一个粒子的相应变化，或者说，此时此地发生的事情，同一时刻能够在遥远的另一个地方引起反应。这仿佛魔法一般，极大地颠覆了常理，成为一切悖论之源，对此爱因斯坦一直无法接受，称之为"幽灵般的超距作用"。

正是诸如此类无法理解的"悖论"，让科学哲学界无法消化和吸收量子力学带来的哲学挑战，认为它简直就是一件丑闻。美国哲学家约翰·塞尔（John Searle）在 20 世纪末预言 21 世纪的哲学发展时指出：

> 量子力学对我们的世界观提出了基本的挑战，我们还完全没有对其加以消化。科学哲学家，包括对科学哲学感兴趣的物理学家，到目前为止都没有为我们提供一种融贯的说明，来解释量子力学如何与我们的整个宇宙观相符合，尤其是因果性与决定论的问题，我把这看作一件丑闻。

爱因斯坦认为："量子力学固然是堂皇的。可是有一种内在的声音告诉我，它远不是真实的东西。……我无论如何都相信上帝不是在掷骰子。"[1] 尽管如此，量子力学的研究和我们的生命体验都让我们不得不承认，这个世界并不像经典物理学所设定的那样"像时钟般运行，某一时刻宇宙的完整信息能够决定它在未来和过去任意时刻的状态"[2]。恰恰相反，它深刻地揭示了一个事实：不确定就是这个世界本来的样子。

1　爱因斯坦，《爱因斯坦文集》第一卷，商务印书馆，2009。

2　这是法国数学家拉普拉斯的一句名言。

控制的幻象

周末的早上，我会开车送女儿去上她最喜欢的街舞课。这是一条我走过很多遍的路，但我仍然打开导航，输入目的地，此时导航会给我三个路线选项：距离最短、大路优先、拥堵最少。我通常会选择那个"所用时间最短"的选项。我一直认为汽车导航是一个特别了不起的产品，它让我可以更准确地规划时间和路线，确保自己能够准时到达。它也让人们可以自由地探索路途的各种可能性，即使在陌生的城市也不会迷路。而在它出现以前，在高速路口"带路"还是一种很常见的职业。

有意思的是，即使导航清晰地显示将在 30 分钟后抵达目的地，我仍然会感到焦虑，特别是当导航显示路途中有一部分拥堵时，我恨不得将每一段堵车的部分都跳过去。那究竟是什么让我焦虑呢？我想是对糟糕结果的担心和对美好结果的期待。导航 APP 虽然在一定程度上缓解了我们对路线的不确定感，但并没有消除我们对发生糟糕结果的担忧和随之而来的焦虑感。

我们之所以会这样，与我们大脑的功能有关。大量的研究发现，大脑中的杏仁核是产生恐惧、担心等情绪的源头。它的功能就像雷达一样，快速扫描我们对外部世界的感觉，并判断这种感觉是安全的还是有威胁的。如果感受到威胁，它就会触发大脑做出"僵住不动""战斗"或"逃跑"的反应。杏仁核具备的这种雷达功能，让我们把注意力放在了它认为可能会产生麻烦的事情上。

美国国家科学基金会曾发表过一篇研究文章，谈到一个人每天会产生 2 万到 6 万多个念头，而其中 80% 是比较消极的，原因就是杏仁核始终让我们把注意力放在让我们感觉到有威胁的事情上。这也是我们自身设计的保护策略，确保我们人类的生命安全和种族繁衍。

杏仁核的这个功能，让我们非常专注，对危险随时保持警惕，并绞尽脑汁想出办法，采取行动，获得安全，让自己和伙伴恐惧不安的情绪得以缓解或消除。这是一股不可忽视的力量。为了生存下去，原始人类学会了制作弓箭石矛、居住在洞穴中来保护自己；人们为了获取持续的食物，免受四处游荡和饥饿之苦，学会了种植和畜牧，产生了现代农业；氏族贵族们为了守住自己的土地和财产、抵御外族入侵而产生了城邦；资本家为了保证利润持续地增长而大量地生产商品并鼓吹消费；有些国家为了占有更多的资源，保住自己的强国地位，发动了各种形态的侵略和殖民；为了震慑敌人，获得国家安全，毁灭性的核武器被发明出来……在人类文明的发展史中，人们消除由不确定所带来的恐惧感或者说获得确定感，是文明演进的重要动力之一。

我们害怕失去，我们害怕不能如愿，面对未知与不确定所带来的恐惧，我们想要通过征服和控制大自然来消除不确定性。"掌握控制权"的理念已经成为我们行为的一部分，它使我们痴迷，甚至使我们上瘾。美国作家丹尼尔·奎因（Daniel Quinn）在他著名的小说《伊什梅尔》（*Ishmael*）中辛辣地嘲讽了西方国家试图控制一切的梦想：

> 只有一件事可以拯救我们，那就是不断地征服世界。尽管在征服世界的过程中必然会损害环境，但我们不得不这样做，直到有一天我们的规则已经完全确定。到那时，我们具有完全的控制权，万事大吉。我们拥有核能，没有环境污染，能呼风唤雨。我们能在一平方厘米的土地上收获一蒲式耳的小麦[1]，我们能将沧海变为桑田，我们能自如地操纵天气——不再有暴风雨，不再有龙卷风，不再有干旱，不再有霜冻。……地球上所有的生命历程都恰在其位——正如众神所安排的那样。

1　一蒲式耳小麦相当于 27.216 公斤的小麦。

事实上，"掌控一切"是一种假象或者人类的幻想。我们无法"掌控"自然，更确切的说法应该是"了解并利用"。东方的先贤们早已认识到这一点。《孙子兵法》在"势篇"中谈道："木石之性，安则静，危则动，方则止，圆则行。故善战人之势，如转圆石于千仞之山者，势也。"说的就是在利用事物之前，我们需要深入地了解它们，然后顺应它们的特性去采取行动。然而，当下的世界过于复杂，瞬息万变，人类遇到了"认知门槛"[1]。我们的大脑进化了几百万年才达到当前的水平，人类认知能力进化的速度跟不上这个世界复杂化的速度。"了解并利用"的原则也变得不堪一击。因为在复杂性的威胁下，人类的恐惧将驱使我们将"控制"当作唯一的选择。

"控制"策略就像打补丁，修补一件有很多破洞的衣服，最简单的方法就是给每个洞都缝上一块布。"打补丁"策略对于衣服是有效的，是因为补丁是单个存在的，补丁和补丁之间没有关系。但在社会系统中，"打补丁"策略就是在用复杂去应对复杂，这会让整个系统变得更加复杂和难以预测，最终导致崩溃。即使暂时没有崩溃，也需要消耗极大的资源来维持新的复杂系统。

2020年，有一只老鼠钻到了我家的天花板里，躲着不出来。我花了上千元，买了各种各样的捕鼠工具进行诱捕，还在地上铺满了各大品牌的捕鼠胶。可这只老鼠非常聪明，无论我用什么样的工具，它都不上当。我还曾尝试晚上守在它可能出没的地方抓捕，结果熬了几天后，因体力不支而放弃。着急之下，我甚至请工人到家里，准备把天花板拆掉，后来在家人的阻拦下才作罢。这无疑是一个"以复杂应对复杂"的典型案例，我的这一策略仅仅持续了一周，就被放弃掉了，它不仅无

1　丽贝卡·科斯塔，《守夜人的钟声：我们时代的危机和出路》，中信出版社，2017。

效，而且增加了更多的混乱。

另外一种对付复杂的"控制"方法，就是简单粗暴地压制，这同样会导致陷入更大的混乱之中。最著名的例子是美国在二战期间对日本投下两颗原子弹，虽然直接导致了日本投降，但对人类产生了非常深远的影响。半个多世纪以来，全世界人民都生活在这片核威胁的乌云下。《原子科学家公报》在其网站上设置了具有象征意义的世界末日钟，指针指向午夜前100秒，表明人类正站在核浩劫的边缘。

全球核战产生的核爆炸会在高层大气中产生巨大的尘埃云，其厚度之大会在未来数年里阻挡太阳的光和热。随后将会出现核冬天——一段非常严重和持续的寒冷期，它不仅会毁灭人类，而且会毁灭地球上的大多数生命。虽然冷战的紧张局势现在已成为过去，但核威胁依然存在。超级大国继续核扩张，较小和不稳定的国家可能会因为常规冲突的意外升级而动用核武器。俄乌战争使这种噩梦般的情景变成了现实。2022年2月27日，俄罗斯总统普京宣布，因为"西方在经济领域采取不友好措施，北约成员国高官对我国发表咄咄逼人的评论"，他命令将装备核武器的俄军战略威慑部队升级至特殊战备状态。这就是午夜前100秒的样子。

就在我写作之际，俄罗斯向欧洲输送天然气的北溪2号管道被炸毁，俄罗斯失掉了与欧洲谈判的筹码，而欧洲只有死心塌地地跟随美国对抗俄罗斯，俄欧关系被逼到绝境。接下来的国际局势会变得更加复杂，难以预测，而"控制一切"的想法会让世界走向混乱。不得不说，在恐惧之下，人类做事情的方式与婴儿类似：只要把某个东西从眼前拿开，他就以为那个东西不存在了。

控制，只是在表面上解决我们所面临的问题。我们没有真正地理解不确定的含义，也没有真正地去面对不确定。而这正是我们要转变的核心。

消除不确定的教育

1979 年，英国摇滚乐队平克·弗洛伊德的单曲《墙上的另一块砖》（*Another Brick in the Wall*，*Part 2*）将皇后乐队的 *Crazy Little Thing Called Love* 挤下了热歌百强榜（Billboard Hot 100）的第一位，并在那里停留了四个星期。

歌中唱道：

> 我们不需要任何教育，
>
> 我们不需要思想控制，
>
> 教室里不许有黑暗的嘲讽，
>
> 嘿，老师！不要碰这些孩子！
>
> 嘿，老师！不要碰这些孩子！

这首歌由平克·弗洛伊德乐队的主唱兼贝斯手罗杰·沃特斯（Roger Waters）创作，其灵感来自沃特斯 20 世纪 50 年代在英国教育体系中的遭遇。2015 年他在接受《华尔街日报》的采访时表示："那里的一些老师固执地认为，需要用讽刺和暴力的方法来控制小男孩，让我们屈从于他们的意愿。这就是他们的教育理念。"这首充满挑衅的歌曲是对 20 世纪 50 年代英国教育的讽刺，也是对权威的大声抗议，也因此，它成为平克·弗洛伊德乐队最知名的歌曲之一。

时至今日，沃斯特的歌声仍然是对"学校工厂"最尖锐的批判。为了确保"产品"质量，降低"次品率"，"学校工厂"必然要进行更加全面的质量控制。它表现在很多方面：统一的教学目标、严格的教学计划、相同的学习内容、相同的教学节奏和学习进度、意图将人进行分类的标准化考试，以及赋予教师这位"车间主任"更大的掌控权力。这套"生产体系"保证了人才培养的基本水平，但也让学校教育在未来的大道上变得黯淡无光。

控制，让学生对当下关闭了感知

今日的课堂，学习并不是由学生的好奇所引发，而是由教材编写者所安排的。好奇有什么用呢？当学生说"窗外的鸟叫声真好听，这是什么鸟啊？"时，老师会敲着黑板说："这位同学，请集中注意力！"师生之间并不会由此展开一场关于"主观认知与开放倾听"的对话。上一次出现这样的对话内容，恐怕要追溯到苏格拉底与柏拉图、孔子与72贤人、佛陀与众尊者的对话了。当然，学生仍然有好奇心，只不过在今日的课堂上，情况常常是这样的：

老师问："你们好奇不好奇？"

同学们齐声回答："好奇！"

此时，"好奇"的开关已经不再由学生自己的内心所掌控，至于说是否真的有好奇心，先放到一边，他们需要把注意力聚焦到教师的授课内容上，紧紧跟随老师的问题，调动大脑去思考，保持积极的情绪……这似乎是"完美"的学生状态。但再仔细感受一下这样的课堂，教室里坐着的，究竟是鲜活的少年，还是设定好学习程序的机器人？

应对复杂的世界，我们更需要保持对当下的开放。英国威尔士学者戴夫·斯诺登（David J. Snowden）于1999年提出了一种叫作 Cynefin 模型的决策框架，帮助人们理解问题的复杂性并选择适当的解决方案。他将问题分成五个领域，其中的复杂领域包含两种不同的复杂。第一种叫作一般复杂性，这样的系统特别复杂，你需要通过深入分析才能解决这个系统出现的问题。例如，一架飞机正在机场进行例行维修检查，维修工发现驾驶舱前风挡玻璃有细微的裂痕，他将这个问题记录下来，分析问题出现的原因并提出维修建议，得到许可后进行维修或更换部件。对于一般复杂性的问题，越是经验丰富的工作人员越有可能快速、准确地分析出问题出现的原因。"老师傅"是吃香的。

另外一种复杂叫作动态复杂性。同样是飞机驾驶舱前风挡玻璃出现裂痕的问题，让我们换一个场景。2018 年 5 月 14 日，川航 3U8633 航班从重庆至拉萨飞行途中，在 9800 米高空，驾驶舱右侧风挡玻璃破损脱落，导致座舱失压，副驾驶上半身瞬间被吸出舱外，驾驶舱温度迅速降至零下 40 多度，机长刘传健在气流吹袭和大量仪表被破坏的情况下，改为手动操控，目视驾驶飞机，最终在成都双流机场安全备降，确保了机上 119 名旅客和 9 名机组人员的安全。这一事件还被改编为电影《中国机长》。

刘传健机长所处的环境就是典型的"动态复杂性"。事故发生的那一刻，机长没有机会再去研究《飞行手册》，也没有相似的经验可以调取。事后他在接受采访的时候谈道："我从未做过这样的预案，全靠第一反应。"机长需要保持清醒，对当下的状况保持开放的感知，做出及时的调整。基本的操作经验依然可以起到作用，但前提是机长对当下的状况要有准确的感知。大量的航空事故发生时，并非机长忘记了驾驶飞机的专业技术，而是他们没有对当时的情景进行准确而清晰的感知和判断，发出了错误的指令。

我们的生活中也同样充满动态复杂性。几年前，我和伙伴们计划在丽江郊区的一个农场开办一次工作坊，学员们可以住在稻田里的小木屋中，非常别致。筹备阶段一切顺利，在活动举行的前一天，我突然被告知，农场的木屋因为不合规而被拆除，这是我经历的最不确定的一天。我们犹豫了很久，最终还是如实地告知了学员，有意思的是，学员并没有因此指责我们，反而有一位学员调动了资源，帮助我们找到了可以替代的民宿。身处动态复杂的情境中，过去的经验大多派不上用场，越是用过去的方法去解决当下的问题，越是会造成更大的混乱。此刻需要的，是开放地倾听。世界的复杂程度在 10 年后会怎样？20 年后会怎样？关闭感知的教育模式如果不改变，学生们将很难在这个动态复杂的时代生存下去。

控制，扼杀了学生探究未知的能力

在上一节提到的 Cynefin 模型中，人们面对没有标准答案的动态复杂性场景，首先需要通过小规模探索或实验来试着了解问题，然后再采取进一步的行动。这种"探索—感知—响应"的模式需要不断循环，直到问题解决。因此，随着今日社会中动态复杂性问题的增多，探索或探究能力会变得极为重要。然而，今日的教育显然并未对此做好准备。

翻开今日的教科书，上面的每个问题都会有一个标准或确定的答案；主要学科的日常作业和考试几乎没有出现过答案不确定的题目；学生写作有范文，做题有例题，写字有字帖，作业有格式……在学习中，一切都有标准是一件令人很费解的事情。

什么事情是可以有标准的？我们先来看看标准的含义：标准是对重复性事物和概念所做的统一规定。[1] 如果学校的学习中充满了各种标准，这是不是意味着，我们所学的内容是重复的、不变的？这不禁要让我思考：我们到底在教给孩子们什么？是那些千年不变的知识方法？还是探究未知的能力？如果身处文明进程缓慢的时代，将重点放在传承经典的知识上无可厚非，但当今人类文明处在重大拐点上，应对复杂性和不确定性的应变能力以及探索未知的能力才应是当下教育的关键维度。2016

1　国家标准 GB/T 3935.1—83 定义。

年，北京师范大学发布了由教育部委托的关于中国学生发展核心素养研究的成果，其中将批判质疑、勇于探究纳入了 18 项基本要点之中。但如果在校园生活中，学生面对的一切都是确定的、规划好的，没有模糊、波动、弹性、混乱发生，又如何能让学生学会探究未知？当他们步入社会时，会发现曾经的校园不过是一个虚幻的世界，在真实的世界里，处处都是不确定、模糊、快速变化的，甚至是混乱的。

关于"探究"，教育部早在 2001 年就颁布了文件《基础教育课程改革纲要（试行）》，强调"过程与方法"目标，倡导"自主、合作、探究"的学习方式。20 年过去了，探究式学习怎么样了呢？华东师范大学课程与教学研究所所长崔允漷教授认为，虽然"新课程"攻破了过去"一言堂""满堂灌"的课堂形态，但"比较突出的问题是，探究缺乏严谨性与学科典型性，存在虚假探究的现象"。[1] 即为了探究而探究，用错误的方法探究。绝大多数教师在带领学生们探究的时候，做的都是预设结果的探究。也就是说，探究之前，教师就已经知道了探究的结果，并利用这个探究结果完成他的教学计划。在这样的模式下，探究本身就已经没有意义了。这就好比在火车头上蒙一块布，然后让它在铁轨上运行。无论火车怎么跑，也都只能在轨道上跑。探究式学习应该是开放的。教师提出的探究议题应该是开放的，不要有固定、标准的答案；即使有标准答案，探究的过程也应该是开放的，让学生自己画出一条导向终点的"铁轨"，而不是在教师事先设定好的一条确定的"铁轨"上奔跑。

确定式的、充满标准的教学模式，能够确保教师完成教学任务。但

1　崔允漷，《学科实践，让"自主、合作、探究"迭代升级》，教育部网站，2022 年 4 月 21 日。

我们需要思考的是，在复杂时代，这种确定式、标准化的教育模式，真的能培养出适应动态复杂社会的成熟公民吗？

心智的转变

在当下的世界里，人类社会充满着各种各样的噪声。那些真知灼见也被淹没其中。在这样的情况下，人们对自己、他人、组织和世界的理解常常是片面的、局部的，甚至是扭曲的，由此我们采取的行动往往也是短期的、局部的、肤浅的，这些企图控制世界的行动又导致了新的混乱、更多的焦虑和冲突，如此反复，不断叠加。在这个巨大的系统中，所有人都被不同程度地裹挟，难以幸免。要打破这样的局面，作为教育工作者，我们需要帮助孩子建立新的世界观来实现超越，而教育工作者自身需要先迈出一步，完成一系列的心智转变。

不确定是世界本来的样子

1912 年 4 月 10 日，泰坦尼克号从英国南安普敦港出发，开启了万众瞩目的首次航行。泰坦尼克号全长约 269 米，注册吨位 46328 吨，最大航速 23 节，船上配备了健身房、游泳池、图书馆等豪华设施，宛如一座漂浮在海上的奢华宫殿。泰坦尼克号船上有 16 个水密舱，每一个隔舱都带有自动隔水门，即便部分隔舱进水也能安全航行。

在它出发前，无数杂志和报纸对其进行了浓墨重彩的报道，人们坚信它是一艘"永不沉没"的巨轮，甚至有的乘客退了其他邮轮的船票，就是为了乘坐更加安全的泰坦尼克号回家。然而，正是这种对于安全性过于确定的认知，带来了一系列可怕的后果：为了让这艘巨轮显得更加气派，董事层不顾安全隐患，下令将原本应该准备的48艘救生艇缩减至20艘，仅能装载一半的乘客。更糟糕的是，泰坦尼克号首航前，因为对其安全性过于自信，船员和乘客都没有进行过安全演习，也没有人告诉人们在紧急情况下该如何逃生，或是救生艇在哪里，结果灾难发生时，救生艇在一片混乱中没有得到最大化的利用，2224名乘客中仅有707人幸存。如果设计师、董事会、船长或记者对泰坦尼克号的"永不沉没"再多一点质疑，多一点对"万一"的想象和敬畏，出于安全考虑在冰山出没的海域减速行驶而不是自信满满地保持全速前进，或许悲剧就不会发生。

当我们认为只有一种可能性时，我们的认知世界就只留下了一条叫作确定性的窄缝。然而，我们本来就生活在一个不确定的世界里，不确定就是这个世界本来的样子，真实的世界就是不确定的。你确定自己会在明早醒来吗？你确定你的学生还会如往常那样需要你吗？你确定晚上的约会可以如期进行吗？你确定备好的课程能够顺利讲授吗？你确定明天还能够走出小区吗？我们不想承认世界是不确定的这个事实，因为不确定性常常让我们感到不舒服，我们渴望确定性，渴望掌控感，这让我们更有安全感。

在我看来，不确定性本身并没有什么问题，出问题的地方在于不确定性如同一面镜子，投射出我们的恐惧。当我们害怕自己做不好一件事时，我们就把不确定性与失败联系到一起；当我们害怕在一段感情中受伤时，我们就想在不确定的关系中获得主动权；当我们害怕自己没有价值时，就只做我们认为有价值的事，而不愿意尝试新的可能性。你的恐惧在哪里，不确定性就在那里让你看到恐惧。没有人愿意去照这面"恐惧之镜"。

不确定性让我们不舒服的同时，也让我们聚焦于这种不舒服感，此时，我们就常常会忽略不确定性的另外一面，那就是可能性。不确定性让我们有了更大的生命空间，在那个空间里孕育了更多的可能性，因此生命才变得鲜活、真实且丰富，世界才有了多样性。

与不确定性相处的方法并不是去追寻确定性，那是毫无意义的。我们可以做的是与随之而来的恐惧或不安待在一起，带着好奇，看见它，与它对话，去了解它来自哪里，它想告诉你什么，它带给你怎样的能量，然后超越它。关于这一点，玛格丽特·惠特利在她的文章《在希望与恐惧之上》中写道："我注意到那些历经艰难险阻并且在这一路上变得越来越智慧的人，往往不执着于结果。他们也不在计划和成就中寻求确定性。他们用好奇代替对确定性的执着，用慷慨代替恐惧。他们潜入到问题的深处，将每次行动看成试验，在实践中学习。"

我们每一个时刻都可以与不确定性在一起。当学生的回答出乎意料时，不必刻意引导学生回到你设定好的轨道，而是可以把学生的回答当作神助攻般的资源，带着好奇来一个即兴发挥，看看会发生什么。按照预设的轨道前行虽然可以走到目的地，但这样的课堂索然无味。如果一个系统始终保持相同的、稳定的节律，那么它不像一个生命系统，更像在铁轨上行驶的火车。

任何一个生命系统都必然蕴含着即兴，因为有了即兴，才有了生命的千姿百态。即兴并不否定秩序，而是在大秩序之内创造新的可能性。这就仿佛月亮带来的潮汐之力，让海浪有了潮涨潮落的变化，这是大规律，是秩序，但海水每一次的撞击却都完全不一样，是即兴，是丰富的表达。有了即兴的课堂，便拥抱了不确定性，课堂就活了。教师也是鲜活的，可以是一个爵士乐手，一个自由的舞者，也可以是一朵随风起舞的花。

我们每一个时刻都可以与不确定性在一起。在此刻写作的过程中，我期待这些内容能得到读者的掌声，于是改来改去不知道怎样行文用词，当我看到这一点的时候，我知道它来自我对价值感的渴望。我尝试着转换视角，我愿意相信每一个生命都是有价值的，这份价值不需要依赖于外物体现。意识到这点，我开始放下对"写出好文章"的执着和对"不被认可"的恐惧，而把重点放在如何助力他人成长上。"用慷慨代替恐惧"让我走出了逼仄的角落，在更大的空间里去自由创作，去分享自己的真实体验与感受。

真正让你充满激情地投入的事情，绝对不是一段结果确定的旅程。我邀请大家回想让自己终生难忘的一段生命体验，我相信几乎所有这样的体验都蕴含着不确定性所带来的惊喜。而一旦沿着"轨道"前行，或许在短期内依然有很好的体验，但激情和创造力很快就下降了。不确定性，正是我们要赞美的，因为它蕴藏了无限的可能性。在不确定中打开自己，培养自己的耐心，不着急去行动，安于不确定中，看到它带来的可能性，一段新的旅程就可能就此展开！

教师不需要知道所有的答案

2016 年 10 月，彼得·圣吉先生与顾明远先生在北京师范大学展开了一场名为"更好的老师，更好的未来"的对话，我有幸作为主持人参与到两位大师的对话中。在被问到教师在未来应该扮演什么角色时，彼得·圣吉先生提出"教师应当成为向导"的观点，并进一步解释道："在我的想象中，教师将与学生一起探索未知，当然这个向导会比学生更有经验一些，但并不意味着这个向导就知道所有的答案。因此，教师在未来要进行的最深刻的转变之一，仿佛一个悖论，就是在他自己也不知道答案的情况下去教学。"

教师的进化

　　教师常常有这样一个自我预期：在这个学科领域里我应该是一个专家。但由于知识的普及化和技术进步，大家不需要上学、不需要问老师，也可以从各种渠道获取非常多的知识。那么，如何让学生有足够的热情和渴望去学校呢？关键在于他们可以去学校探讨一些对他们来说真正有意义的、非常真实的议题。这是一个探究的过程，而不是直接去得到某个答案——或许这些议题本身就没有确定的答案。因此，教师需要放下成为专家的预期，重新建立一个认知：**教师不需要知道所有问题的答案，但需要成为带领孩子们踏上学习旅程的向导。**

　　彼得·圣吉先生在大会中还为我们分享了一个案例和他对此的想法。

　　有两位老师都在教系统思考方面的工具，有一位老师已经教了10年，很有经验，另一位老师只教了两年，是一个新手。年轻老师分享道："我感到非常害怕。学生们都分成小组，课桌也不再是一排排的。这些学生都自己在小组里讨论，如果他们讨论出一些问题来找我，而这些问题我都不知道该怎么回答，我会因此感到很害怕。"

　　这是非常美好的一段话，因为这位老师非常诚实。那位年长一些的资深老师说："如果你感受到这种恐惧，你可以让学生们来帮你。当你感觉因为不知道答案而不知所措时，其实你可以把这种感受分享给你的学生，让他们知道。而当你感受到他们对你的支持和帮助时，你的心就会打开。"

　　我们要放下我们知道的一切，要放下"我们是专家"这样的角色预期。这个说起来容易，但在现实中做到却很难，然而我有幸见证了很多老师实现了这个转变。当他们做到这一点的时候，他们对教育的热情就更高涨，他们作为教师就有更大的幸福感。也就是说，促进学生的成长是教育系统的终极目标，但是教育的变革要从如何帮助教师发现他们内在的热情开始，也就是发现教师的好奇心，以及他们愿意踏入未知这样一种心态。对于未知的无惧和好奇其实是一种具有传染性的情感，它会感染其他人。所以我认为，启动老师们内在的好奇心和想去探索未知的天然渴望，这是一个高杠杆点，可以用这个去启动更大范围内大家对学习的热情。

彼得分享的故事仿佛是一个悖论。当你身处未知当中，没有因恐惧转身就跑，而是迎向它，大大方方地承认自己的无知，这会带给自己巨大的能量，带领学生共同走入未知。这颠覆了大多数人的认知，因此他认为这将是一场深刻的转型。

19 世纪就曾经有人运用未知带来的能量进行教学，结果令人惊讶。1770 年，法国教育家约瑟夫·雅科托（Joseph Jacotot）出生在一个贫寒家庭，他自幼勤奋刻苦，学习天赋惊人，不到 19 岁就获得了博士学位，成为逻辑学、数学和拉丁语教授。他很快又开始学习法律，获得了法学博士学位，成了一名律师。然后，他投入到高等数学研究中，获得了第三个博士学位。在法国大革命期间，他先后担任军事部部长秘书和巴黎综合理工学院副院长。

1815 年，法国波旁王朝复辟，他被迫离开祖国，逃往比利时。在那里，他成为鲁汶大学的法国文学教授。当面对不会说法语的学生，而他自己又不会说当地的弗莱芒语时，雅科托想出了一个补救办法。他给每个学生发了一份法国作家弗朗索瓦·费奈隆（Francois Fenelon）的杰作《忒勒马科斯历险记》（*The Adventures of Telemachus*）的双语对照版——18 世纪最流行、最受好评的教谕小说，并且告诉学生要想办法借助弗莱芒语译本来弄清楚这本书的法语原文。让雅科托惊讶的是，学生们很快就掌握了足够多的法语来撰写关于这本书的论文，并且表现出非常不错的表达能力。基于他的学生在没有获得老师任何讲解的情况下就掌握了法语的事实，雅科托开始实行一种更为激进的教学方法改革，即"普遍教育法"。后来，雅科托进行了更加夸张的教学实验，他在"教授"法语（对此他是行家）的同时，还在教授钢琴和化学（但是在这些方面他就没什么能力了），然而他又成功了。

在雅科托的实验中，教师既不需要解释课程的内容，也不需要"知道"或者"理解"他在教的内容，这不禁让我们重新思考：教师在教学中到底要扮演什么样的角色？雅科托的实验得出了这样的结果：老师的价值是创造学习情境而不是进行讲解，实际上，他与学生们一起学习。因此，教学的场域不是垂直的——教师拥有解释的权威，而是水平的——教师建立和护持一种开放的场域。这与苏伽特·米特拉（Sugata Mitra）教授的"墙中洞"教育实验得出的结论完全一致：只要有合适的场景和问题，学习就会发生。

成为一名"无知"的教师还有另外一个重要的意义，那就是解放学生，允许学生相信自己，相信自己有能力学习。学会学习，这是复杂时代每个孩子都需要具备的素养。相反，教师越是树立自己的"解释"权威，就越让学生意识到他们很无知，而且不借助他人力量就无法逃避无知——我们不知道如何学习，我们需要老师，尤其是老师的解释。

放下教师传统的角色，成为一名"无知"的教师，无疑是具颠覆性的，但也是未来教育变革的重要一步，只有教师先学会放下对确定的执着，对未知的恐惧，才能帮助学生建立一个开放的空间，去探索复杂和未知的世界。

开放，就是如实听见，如实看见

课堂上，我抛出一个问题，10秒钟过去了，没有任何人跳出来回答。我的微笑已经僵化，心中期盼着能有某个人站起来回应，哪怕只是说一声"不知道"也好。尴尬的气氛在我的心里越来越浓，仿佛大家在玩一场"看谁忍不住"的游戏。游戏一般都是以我"投降"而告终，我会自言自语地把抛出的问题回答一遍，或者"恼羞成怒"，生硬地叫一个学生起来回答。你们有过这样的体验吗？在不确定、未知或混乱的情形下，我们通常会感到焦虑、紧张、害怕、愤怒……与其说我们试图控制现场，摆脱混乱，还不如说我们在情绪的操控下采取了行动。

我的老师杰瑞·格雷奈里（Jerry Granelli）是爵士乐领域的一位传奇人物，同时也是一位禅修老师。有一次，杰瑞老师在课上给我们讲了一个故事。某天他正要横穿公路，没有注意到一辆大货车正朝他驶来，司机猛踩刹车，终于在距离他几米远的地方停了下来。司机是一位黑人兄弟，下车对着杰瑞破口大骂，因为司机自己也吓坏了。杰瑞看着面前的黑人司机，愣了一会儿，非常认真地说道："你的牙齿真是太好看了。"黑人司机也愣了一下，骂了一句"神经病"，愤愤然地走了。杰瑞告诉我们，黑人司机黝黑的皮肤和整齐洁白的牙齿，放到一起真的很好看，他被吸引住了，所以由衷地说出了那句话。

杰瑞老师的故事颇有启发性。当我们如实地面对当下所发生的事情而不加以评判时，我们就处于一种开放的状态，并会跟随这样的状态采取合乎当下的行动，而不会被上一刻的恐惧、担心、愤怒、紧张所驱使。

身处当下，是没有恐惧一类的情绪的。这一点，我有切身的体验。几年前，我在驾车去郊区的路上操作不慎导致车轮打滑，方向盘抱死，刹车失灵，整个车子以极快的速度横穿公路，最终撞在一棵大树上才停了下来。万幸的是，我只是腰椎受了些轻伤。我艰难地爬出车外，躺在地上开始打救援电话。交警、120救护车和家人陆续到达，然后将我送往医院……事后，很多朋友在探望我的时候都问我有没有害怕过，我仔细回忆那段经历的感受，无论是车子失控时，还是打电话救援时，我心里都没有出现过一丝恐惧。我的注意力完全处于那个当下，整个人非常平静。后来有一位朋友问我，如果提前知道要出意外，我会不会害怕，我说，一定会怕得要死。

如果给我时间去思考，哪怕只有一秒钟，我也会把对于事物的各种评判加入到我的感受中。也就是说，我的感受是不纯粹的，是透过主观滤镜后的"感受"。当我听到鸟叫的时候，我觉得很悦耳，然而，鸟叫就是鸟叫，"悦耳"已经是加入我的评判后的感受了。再比如，我在餐馆里兴冲冲地点了一份疙瘩汤，喝了一口，发现已经不再是我熟悉的味道，难喝极了；我在课堂上看到有学生在睡觉，一股无名怒火就蹿了起来……现代人在绝大多数时候都是透过自我的滤镜来感知这个世界的，或者说，我们都是带着"偏见"活在这个世界上，因为任何意见、观点都是"偏见"。

但有一个瞬间，我们是没有"偏见"的。在我们接触到事物的那一刻，我们就有了第一念，也叫作初念，即我们如实看见或如实听见事物原原本本的样子。在那一瞬间，我们没有分析，没有评判，不产生任何观念、任何念头。听见汽车喇叭声，就是听见了一个声音，而没有生出"真吵啊"这样的念头。看见学生敲门进入教室，就是看见他进入教室，而没有升起"他是个爱迟到的学生"这样的念头。当我们如实地看、如实地听，我们就是开放的，当下发生的一切都将成为我们的资源。由此，我们就有了一个机会去了解事情本来的样子，而不被情绪和固有观念带到一条狭窄的道路上。由此，我们就有了一个更大的空间去行动。

"意义疗法"的创立者维克多·弗兰克尔（Viktor Emil Frankl）在《活出生命的意义》中写道："刺激和反应之间有一个空间。在这个空间里是我们选择回应的力量。在我们的回应中有我们的成长和自由。"遗憾的是，现代人很难清晰地感受到这个空间——第一念，人们的常态是活在第二念、第三念里。很多人甚至不知道还有第一念的存在。当我们意识到之后，我们就可以通过练习把那一刻找回来。美国休斯敦大学教授、知名 TED 演讲人布琳·布朗（Brene Brown）曾在她的脸书上讲述了她多年来如何找到这个空间：

> 如果你把维克多·弗兰克尔的这句话写成一个公式，它可能是这样的：S（　）R。[1]
>
> 我在成长过程中对这个空间没有任何理解，甚至没有意识到。在我的成长过程中，在 S 还没写完的时候，R 就已经开始了。有人做了什么或说了什么，我就会出来发泄、害怕、担心或道歉。没有空间、没有选择就完成了回应。连括号都没有。只是去回应。而它又导致了更多叠加的刺激和反应。在那里，几乎没有成长，也没有自由。
>
> ……
>
> 我试着用我的清醒、睡眠、祈祷、健身、练习好奇心、治疗和有意识地呼吸来保持这个空间的开放。我非常努力地创造这样的空间，这可能就是我的团队亲切地将我们的播客称为"按下暂停键"的原因。在我提问或回答问题之前，我都会停下来，深呼吸。这或许会有一些尴尬，但却能唤起我的生命力。

有很多练习可以帮助我们将这个空间慢慢找回来。

单纯地听。 在大自然中，在小区里，在机场，在刷碗时，在会议中，在对话中，在任何地方、任何时候都可以展开这个练习。尝试着不带评判地倾听，只是单纯地倾听声音本身。当你发现自己有一个念头升起时，你可以对自己说："哦，这是一个偏见。"然后试着把这个念头放

1　S 和 R 分别代表着英文单词"刺激"（stimulus）和"回应"（response）的首字母。

下，继续单纯地听。有时候你会发现自己总是会有各种念头升起，请不要责怪自己，因为"责怪"也是一个偏见。

吃饭的时候也可以练习。当你品尝一道菜，或者喝一碗汤的时候，请放下对味道的评判，单纯地品尝食物本身的味道。同样地，如果你有一个念头说"太惊艳了"，你也可以对自己说"这是一个偏见"，然后试着把这个念头放下，继续单纯地品尝。

与人交谈也是很好的练习。杨定一博士在《全部的你》中给我们的建议是："我们遇见的每一个陌生人，都可以成为我们的老师。"服务生也好、司机也好、清洁工也好，在和他们交谈的那个瞬间，"我们可以把自己全部交出来，专注于互动。就算是几分钟，甚至几秒钟，可以让一切回到这个瞬间，也就够了。"随着不断地练习，我们就可以轻轻松松地站在维克多·弗兰克尔提到的那个空间里，如实地面对当下的一切。

学会如实地看见、如实地听见，可以让教师保持开放的状态。进而，开放的教师会让课堂充满各种可能性。例如，开放的教师会允许甚至鼓励沉默的存在，沉默不再是个需要解决的问题，反而能让人们感受到它的力量，它是"创造性和思想的栖息地"，是"那些不能诉诸语言的思想的容器"，是"进入意义宝库的一个门径"。[1] 沉默将是有效教学的一部分。

再比如，开放的教师会发展出"教学机智"。教育现象学的开创者马克斯·范梅南（Max van Manen）把"教学机智"定义为"一种在与他人的互动中展现出的临场智慧"。这种机智是无法预先计划的，而是需要身处当下，开放地倾听，"在复杂而微妙的情境中迅速地、十分有把握地、恰当地行动"。教师需要具备这样的教学机智，才能够不被过去

1　凯瑟琳·舒尔茨，《课堂参与：沉默与喧哗》，华东师范大学出版社，2019。

的经验固化，才能让课堂具有生命力，才能有精彩的生成，才能让孩子体验到如何拥抱不确定性，如何与复杂共舞。

开放的课堂更具生命力

20 世纪兴起的耗散结构论、协同学、涌现论和混沌理论等理论认为，开放系统的演化动力源自系统内要素间非线性交互活动，并将导致系统演化出现多种发展可能。因此，越开放的系统，越有助于信息、能量的输入和输出，越有助于系统的生长和发展，也越具有活力。

让课堂成为一个动态复杂系统

如果我们把地球当作一个巨大的课堂，很显然，人类整体的进步就是一个以自组织的形态在不断涌现中前进的过程。然而在机械论主导的几百年里，人类文明进入了一种以"分离—恐惧—控制"为特征的固化模式，文明走向某种程度的极端，而另一种以"完整—接纳—开放"为特征的新范式正在兴起，二者的转换就像阴阳鱼的交互一样。而混乱和不确定在任何转换时期都是主题，我们正在这种状况下跨越这道门槛。

让我们将目光放回到真实的课堂，学生们将从这里出发，迈向成人的世界。他们需要一个空间去体验新的范式，从而为未来做好准备。因此，我们有必要将课堂塑造成为一个开放的复杂系统。事实上，课堂本身也具备一定的复杂性。

首先，课堂教学是融入各种因素交互作用的复杂过程，具有非线性的特点。在教学系统中，各种要素之间的关系也处在动态变化之中，构成了错综复杂的关系网。这包括师生关系、学生之间的关系、教师与教学内容的关系、教学内容与教学环境的关系、学生与教学内容的关系、学生与教学环境的关系等。

其次，教学并非"按照既定套路出牌"的过程，而是教师感知学生的学习进展，随之调整教学过程，让教学活动在生成中更加符合教学情境和学生发展。正如叶澜教授所说："课堂是向未知方向挺进的旅程，随时都有可能发现意外的通道和美丽的风景，而不是一切都必须遵循固定路线而没有激情的形成。"

再次，课堂之所以是一个动态复杂系统，是因为重要的组成要素是生命体——教师与学生。课堂的复杂程度，在很大程度上取决于教师和学生的开放度。教师如果囿于既定的教学计划而不知变通，如果对于自己和学生的生命波动无动于衷而没有好奇，如果面对各种压力不敢犯错，也不接纳自己和学生的不完美，课堂的生命力和动态性就都要大打折扣。虽然我在这里用的是"如果"，但上述情景也是很多教师工作的真实写照。走出工业时代教育模式的影响需要几代人的努力。

因此，尽管 20 年前美国课程论专家艾伦·奥恩斯坦（Allan C. Ornstein）就提出，"教学系统可能是线性的，也可能是非线性的。事实上，我们正从强调技术性、精确性和确定性的课程发展的线性模式，转向注重非技术性、生成性和不确定性的课程发展的非线性模式"[1]，但在 20 年后的今天，我们仍然在这条路上徘徊，未能真正跨越那道门槛。

再大胆一些，真正地将课堂还给孩子

当今的课堂，秩序感普遍非常强，还难以让学生真正地体会如何在一个动态复杂的环境中学习。不妨再放手一些，将课堂真正地还给

1　艾伦·奥恩斯坦，《课程：基础、原理和问题》，江苏教育出版社，2002。

孩子，让他们以自组织的形态展开学习，看看会发生什么，混乱还是成长？

自组织指的是一种有序结构自发形成、维持、演化的过程。生成自组织式的学习方式需要具备一定的催化条件。美国路易斯安那州立大学教授小威廉姆·多尔（William E.Doll，Jr.）指出，课程实施要注重系统本身的自组织功能。他认为只有当课堂教学具有足够的开放性、丰富性，足以接纳多重观点、干扰、混乱和问题出现时，才能够引发自组织。

那么，如何创建一个自组织的课堂？我们可以依循自组织的特点做一些探索。首先，只有在开放状态下，系统才可以与外界保持物质、能量和信息的交换，从而形成负熵流，系统得以进入有序状态。这就意味着课堂需要足够开放，教师只是维持课堂秩序和安全底线，以及提供教学活动中最基本的支持，剩下从学习节奏、进度到学习方式和伙伴，皆由学生们自己掌控。

其次，只有在打破平衡的状态下，系统才有可能演化发展，从而产生新的秩序。这就意味着学习的主题需要足够开放，能包容多样的观点，激发更多的碰撞；整个教学活动不需要有统一的教学目标——至少看起来是这样，学习活动并不是为达成某个目标或得到一个标准答案；每个学生都可以有自己的学习目标，也都可以调整自己的学习目标；课堂的规则可以由学生们共同制定并可以在实践中不断调整、打破；更加强调学生之间的平等，每个学生的声音都要得到尊重，尤其是反对的声音。

如果说要用一个例子来说明自组织课堂的价值，恐怕没有比自主学习环境（SOLEs，Self-Organized Learning Environments）更合适的例子了。SOLEs源自英国纽卡斯尔大学的苏伽特·米特拉教授在印度新德里所做的"墙中洞"实验。该实验发现，无需教师，一群孩子通过上网几乎可以自学任何东西。这个实验让人们认识到了自组织学习的潜力。"墙中洞"实验以乡村和贫民窟为起点，逐渐延伸到城市社区和学校，最终形成了没有成年人介入的自组织学习环境SOLEs。如今，世界各地包括幼儿园、中小学和大学在内的100多所学校参与了这一自组织学习的全球实验。事实上，SOLEs已经不仅仅是一种实验，它已经形成了一套简单可行的自组织学习方法。

SOLEs的教学分为三个阶段，非常简单，但很实用。

第一个阶段是问题阶段。教师介绍"大问题"，并分享一些背景知识或围绕这个问题的一个小故事。重要的是，不要引导学生去寻找标准答案，也不要以任何方式告诉他们应该从中学习什么。大问题应该引出更多的问题，而不是只有一个正确答案。SOLEs可能很脆弱，这很大程度上取决于最初的大问题。如果这个问题不够开放，或者学生觉得它无趣或与自己不相关，他们将在5分钟内使用百度、谷歌或其他AI工具找到答案，然后结束讨论。这或许是需要应对的最大挑战。典型的大问题如：一个健康的社区应该具有哪些特征？基因会让人变好还是变坏？如果没有昆虫，这个世界会变成怎样？

第二个阶段是调查研究。从这一刻起，学生的冒险就开始了。学生可以组成学习小组，运用电脑寻找答案，并展开讨论。整个过程中，教师尽可能少进行干预。通常，教师会提出一些开放和支持性的问题，非常重要的是，要给予学生鼓励。

第三个阶段是展示与讨论。每个小组在这个阶段都要展示他们的发现。这是SOLEs中最重要的元素之一，因为这让他们有机会更深入地思考他们发现了什么，以及他们是如何发现的。教师和学生可以询问这些小组他们是如何找到答案的，他们认为哪些方面进行得很顺利，以及他们下次可以采取哪些不同的做法。

在整个过程中，教师扮演的角色更像是一个在教室里走动的教练或引导者，他们提出一些引导性问题，给予一些必要的解释说明，鼓励学生深入地思考、开放地讨论和倾听彼此，让学习在这个过程中自然地发生，以及更加地深入。

来自美国克利夫兰州立大学的 StartSOLE 研究团队用了两年时间，对 100 个教室里的 500 多个 SOLEs 小组进行了观察，并与教师进行了焦点小组的讨论。研究发现，在使用 SOLEs 模式教学的第一年，学生们就发展出沟通、演示、领导、团队合作、研究等新技能来解决正在研究的问题。第二年，学生们表现出更复杂和成熟的心智，如自我反思和元认知。学生们已经转变了他们与学习的关系，更清楚地意识到自己作为学习者的长处和短处，并能够更好地制定自己的改进策略。他们能够通过提出问题引起同伴的兴趣，让研究更加深入。例如，一位老师报告说："孩子们擅长提出他们自己的独立问题。即使他们在上非 SOLEs 课程，遇到不知道的问题时，他们也会自动提出一个 SOLEs 问题。"

与此同时，教师也发生了很大转变。一位老师说，她"曾经是一个控制狂，很难放手，但看到 SOLEs 带给学生的变化，她开始学着放手"。一旦教师看到学生的热情，以及上述在学术、社交和自我管理技能方面的进步，他们在课堂上就不再那么神经紧绷，而是乐于在一旁为学生提供必要的支持。同时，他们不再是知识的传播者，不需要知道所有问题的答案，这也让他们感到压力减少，进一步释放了他们的好奇心，让他们真正成为与学生共同学习的伙伴。

自组织学习的挑战在于教育工作者是否有足够的耐心和勇气等待系统发生转变。我们常常只看到当秩序放松时，混乱就会出现，我们没有看到，在一个自组织的系统中，秩序在混乱的领域中播下了种子。自然界有很好的例子。一锅加热的水，从底部上升的热水和从表面下降的冷水之间的竞争会产生随意、混乱的行为。但只要加热到合适的温度，这些看似随机的流动和逆流就会突然稳定下来，这些上升和下降的水会组成一个规则的六角形单元。只要热能恒定，这种模式就会保持稳定。在沙漠中也发现了类似的模式，从沙子表面上升的热空气与从空中下降的冷空气相遇，结果导致上升和下降的空气会让沙粒移动，直到在沙漠表面形成六边形的图案，就像蜂巢中的单个巢室一样。一锅加热的水的流动，或沙漠里沙子的运动，都是从混乱中产生秩序的例子，它们都发生在科学家所说的开放系统中。

不难认识到，自组织学习模式的成功非常需要学校和教师对学生投入足够的信任和耐心。在混乱之后，学生们会慢慢在混乱的无序中找到秩序。事实上，这正是事物进化的规律——事物在改变之前，常常会在原有的方向上继续前行一段。一旦他们在日常生活中经常体验从混乱无序中产生新的秩序，便知道如何与不确定、复杂和模糊相处。

每章十问

1. 控制的好处是什么？开放的好处又是什么？

2. 在什么情况下，你会倾向于控制模式？

3. 在什么情况下，你会变得开放？

4. 面对教育中的不确定性，你通常采取什么策略？

5. 面向不确定、复杂的未来，孩子究竟应该学习什么？

6. 你敢于把课堂还给孩子吗？你在担心什么？

7. 回想一次终生难忘的体验，是什么让自己难忘？

8. 如何理解"用好奇超越恐惧"？

9. 如何将课堂上发生的一切都当作教学的资源？

10. 刺激与反应中间有一个短暂的间隔，你能觉察到吗？

第三章

从匮乏到富足

世界的暴风雪已经越过门槛，它已经推翻了灵魂的秩序。

——莱昂纳德·科恩

当下的局面

从被压迫到自我剥削

1830 年年底的英国，成群饥肠辘辘、无家可归、失去工作、一无所有的工人开始在夜间聚集起来，意图将他们的不满公之于众。他们开始破坏"抢走"他们工作的农业机械，放火焚烧谷仓和麦垛，抢劫和袭击地主和农民，骚乱蔓延到整个英格兰南部。他们的行动遭到了民兵和司法系统的残酷武力镇压，很多人被抓捕和绞死。仅在汉普郡就有 300 多人被送上法庭。叛乱被镇压了，但穷人依然存在，无家可归的贫困人口激增到难以想象的水平。工业革命带来了生产力的提升，一方面的确使生产效率得到提高，可另一方面也将生产力低的劳动方式淘汰，使得一些无法适应机械化生产的劳动者成为新的穷人。对于当时的英国来说，如何养活穷人已经成为一个大问题，以至于到了 1832 年，首相格雷勋爵成立了一个皇家调查委员会，对事关救济穷人的各个方面进行调查。两年后，政府基于调查的结论颁布了新济贫法，修改过的济贫法规定，任何贫民想申领救济，必须进入官方管理的济贫院，在那里为救济自己而工作。于是，济贫院如雨后春笋般地大量建立起来。尽管济贫院不是监狱，但穷人们不得不忍受无尽的折磨。进入济贫院后，人们的私有财产被没收，个人的政治权利也被剥夺；家人离散，甚至连哺乳期的婴儿也只有在哺乳时才能与母亲相见；人们得到的食物几乎无法糊口，而且完不成工作定额，就不能得到分配的食物，有时甚至会受到体罚。

　　济贫院的条件之所以如此黑暗、残酷，是因为皇家济贫法委员会认为，游手好闲者的生存状况不应该明显好于最底层独立劳动者的状况。这就是所谓的"劣等处置"原则。济贫院被设置成管理苛刻、没有自由、生活水平极其低下的场所，只有这样才能保证济贫院内受助者的生活状况确实低于院外的独立劳动者，从而使济贫院令人生厌，让人望而生畏、望而却步。人们为了不去这样的地方受罪，就会选择通过自我独立劳动获得谋生的机会。从这个意义上讲，将流民逼入工厂是新的济贫法和济贫院的主要目的。虽然工厂的工作要求严苛且辛苦，但与济贫院的体验相比，工厂中的微薄工资和枯燥的苦役，似乎也没有那么不能接受。甚至在工厂工作像是获得了自由，这种被压榨的生活也仿佛是一种幸运和福祉。

　　面对"要么工作，要么死亡"的选择，人们把工作看作一种自我救赎的存在，贫穷即有罪，工作即道德，工作即正义。英国社会学家齐格蒙特·鲍曼（Zygmunt Bauman）在他的《工作、消费主义和新穷人》一书中批判了这一用来压榨劳动者的工作伦理，他写道："无论生活多么悲惨，只要它是由劳动报酬所支撑的，就有其道德优越性……它帮助雇主更加肆无忌惮地加大对劳工的压迫，不用担心他们反抗或是退出。"在这样的环境中，劳动者的需求是卑微的，是不值得一提的，服从则是理所应当的。

　　这样一来，生产活动与人的需求被彻底分离开了。这是历史上第一次人们优先考虑"能做什么"，而非"需要做什么"或"想要做什么"。

它使得满足人的需求与生产活动的逻辑无关。马克思把这称为劳动的异化。人们把自己内在的需求与所从事的工作分割开来，然后长久地处于机械化工作的状态。19 世纪，工人的工作时间通常在 12~16 小时之间，也就是说，人在清醒的状态下基本上与机器无异，最终让工人不仅在物质上是贫穷的，精神上也是匮乏的。正如马克思所指出的："劳动为富人生产了奇迹般的东西，但是为工人生产了赤贫。劳动生产了宫殿，但是给工人生产了棚舍。劳动生产了美，但是使工人变成畸形。劳动用机器代替了手工劳动，但是使一部分工人回到野蛮的劳动，并使另一部分工人变成机器。劳动生产了智慧，但是给工人生产了愚钝和痴呆。"在资本主义社会发展早期，资产阶级通过一系列资本主义制度来剥削工人阶级，无休止地榨取他们的剩余价值，导致工人阶级处境艰难，愈发贫穷和匮乏。

两百年过去了，随着资本主义社会的发展，工人阶级政治力量的壮大，在福利国家背景下，劳动者的工资水平稳步提高，劳动者的生存环境也发生了巨大的改变。资产阶级对普通劳动者的剥削也变成更加隐秘的模式。这要从生产率的提升说起。英国的工业革命让人们认识到，科技的进步和对机器的使用，可以成百上千倍地提高生产率，并以更低的成本生产更多的产品。这一点在很早就被美国意识到。《美国宪法》起草人亚历山大·汉密尔顿（Alexander Hamilton）在 1791 年的《关于制造业的报告》中写道："如果一个国家拥有使工人产出提高一倍的机器，那么生产同一产品的劳动成本将减少一半。"这篇文字也被称为"美国工业化的宪章"。因此，通过科技进步发明先进机器以提升劳动生产率就成了资本主义国家的必然追求。随着更多先进机器投入使用，生产需要更多技艺熟练、思维能力强、受过良好教育的高水平工人加入，而这些工人的工资水平较高。资本家为了在雇佣高水平工人的同时依然享有高额利润，更多地使用机械替代劳动力，而机械导致了更高的生产率、更高的工资，也吸引了更多优秀的人才，这些反过来又刺激了资本家在更高的水平上采用机械。这就是美国技术革命的推动力，它最终推动了美国在以钢铁、重型机械制造和电力等资本密集型工业为标志的第二次工业革命中脱颖而出。

在随后的以技术密集型为标志的第三次工业革命中，美国依然通过高工资、高福利等方式吸引甚至垄断全球范围内的高精尖人才，将技术创新作为核心杠杆，以此站在整个产业链的最高端，推动产业升级发展，同时通过技术输出、标准输出、专利控制等手段来获得超额利润。在这个过程中，胜任高技术工作的劳动者收入丰厚，逐渐发展成为中产阶级。与此同时，大量的产业工人被自动化技术取代，无法胜任高技术岗位的劳动者被迫进入低收入的劳动密集型行业工作，无法过上体面的生活，成为下层阶级。不同层次的劳动者的现实存在，让劳动者与雇佣者之间的关系发生了微妙的变化。清华大学夏莹教授对资本主义社会的当代雇佣关系研究后发现，当代劳动者显现出清晰的主体性维度，即劳动者首先不是表现为一个受强迫的客体，而是表现为一个能决策的主体。劳动者主动延长工作时间，投入个人财富提升专业能力，并非缘于雇佣者的外在强迫，而是更多地缘于劳动者内部的过度竞争，即主体性过剩。"劳动者不仅将自身视为'自在'的主体，也将自身视为'自为'的主体。也就是说，劳动者认为自己不仅仅是抽象劳动时间的提供者，还是能够自行倍增的'人力资本'，即一种像资本一样不断'投资'自身的时间和精力，从而实现'自我增值'的主体。"[1]

"人力资本"的概念并没有让劳动者成为自由工作的主体，只是让劳动者本身成为可以被资本衡量的商品。劳动力的高度商品化，也为

1　夏莹、牛子牛，《主体性过剩：当代新资本形态的结构性特征》，《探索与争鸣》2021年第9期。

"主体性过剩"创造了条件。资本为了获得持续的收益或提高股价，只需要支付一部分费用就可以解除劳动关系，或者将正式的劳动关系转换为"劳务外包"等非正式的劳动关系，从而降低人力成本。劳动市场的这种分化，无疑加剧了劳动者的内部竞争，压低了总体工资水平，迫使劳动者用自身的生计承担了一部分原先应由资本承担的风险。劳动者们为了提升自身的"人力资本"价值，被迫承担起更多的成本和风险。

资本主义世界将这个过程美化为市场经济的合理性、人们对美好生活的追求、"美国梦"的实现等。好莱坞电影《当幸福来敲门》就描写了一位疲于奔命的推销员，因为卖不出去东西欠下了大笔债务，还要独自抚养儿子，却连房租都付不起。但他不向生活妥协，用坚持和努力打败了 95% 的应聘者，奋发向上成为股市交易员，最后成为知名的金融投资家。这是一个励志故事，赚足了观众的眼泪，也让底层劳动者看到成为中产阶级的可能性——努力奋斗就是路径。大量的"美国梦"电影让劳动者将幸福生活的源头放在了自身的努力上，而忽略了资本主义对劳动者的剥削实质。

德国韩裔哲学家韩炳哲（Byung-Chul Han）将这一现象总结为"自我剥削"。他认为，当代资本主义社会中劳动者的主体性特点，在于它能够"自我剥削"，以至于实现"互相剥削"。尽管"自我剥削"这一术语乍看之下是自相矛盾的，但正是这种"矛盾修辞法"切中了当代资本主义社会剥削现象的特殊性和隐秘性：在剥削关系中，让人难以忍受的并不只是"剩余价值"在资本和劳动之间的不平等分配，更是劳动者必须逼迫自己将"过量价值"生产出来这一事实本身，是劳动者必须将资本的欲望当作自身的欲望承担在自己身上，变得像资本一样锱铢必较、分秒必争、"多多益善"的处境。

我们用了不少笔墨剖析资本主义社会中劳动者从被剥削转向自我剥削的原因，但这样的情形离我们并不遥远。作为世界工厂的中国，我们也不可避免地陷入技术进步导致的大量失业或被迫另谋出路的局面中。随着中国工厂的技术逐步提升，自动化水平越来越高，被甩下的产业工人的数量也在逐步增加。中国饮料品牌娃哈哈已经将流水线上的工人数量从两三百人减少到几个人，而富士康在 2012—2016 年间已经有 40 万个工作岗位被机器所取代。麦肯锡在 2017 年发布了报告《未来的工作：自动化、就业和生产力》，据预测，到 2030 年，全球大约有 60% 的职业存在着被技术替代的可能性，4~8 亿人会因为自动化而失去工作，而中国将有五分之一的制造业岗位将因为生产的自动化而消失，近一亿人需要重新求职。

错误的目标

每个时代的父母都以他们自己的经验和对未来的预期来指导子女的成长。当中产阶级和底层劳动者成为父母之后，他们便把在教育上培养子女当成职场竞争的提前预演。他们知道，孩子只有考上顶尖的大学，打造一份无比精彩的简历，才有可能在激烈的竞争中获得一份体面或稳定的工作。对于中产阶级而言，这样才有可能让家族继续停留在中产阶级，或者实现代际向上流动；对于底层人民而言，这是为数不多的、以看似公平的方式带领家族从底层翻身的机会。父母的焦虑是资本的最大助力。在线下辅导班和在线教育如火如荼的那几年，贩卖"焦虑"最为有效，曾经有培训机构在广告中赤裸裸地"恐吓"家长：您来，我们培养您的孩子；您不来，我们培养您孩子的竞争对手！当一部分家长选择加入课外辅导大军时，"剧场效应"发生了。这样一来，我们在前面谈到的"自我剥削"不仅发生在职场上，而且整体性地向前延伸到了受教育的学生身上。这种现象在中国被称为"教育内卷"。虽然目前课外辅导机构被大量取缔，但父母的焦虑并未减少，仍然不遗余力地"努力"着。

为了给孩子打造出一份光彩熠熠的简历，和西方主流国家的父母们一样，中国的父母们投入了大量财力和精力，陪孩子们一起，从小学甚至幼儿园起就开始努力，直到大学，钢琴考级、奥数竞赛、才艺训练、三好生、托福满分、一流大学、双学位、社团主席、奖学金、GPA、顶级公司实习、公益活动或支教、跨校交流、藤校留学……在这场排位游戏里，每一个标签都在增加参与者的价值——被资本利用的价值。

这种资质至上、标签至上的心态限制了人们对教育的理解，使人们把教育的价值用短期的回报率或实用性的狭隘目光来衡量，而忽略了教育对个人生命的长期影响。为了让孩子获得那些所谓的通向"幸福人生"的价值，父母们可能没有意识到他们的选择对孩子造成的影响有多大。斯坦福大学的杰出心理学家、"成长型思维"的提出者卡罗尔·德韦克教授在 2000 年出版了著作《努力的意义》。在书中她提出了两种类型的目标。一种叫作表现型目标。这种目标旨在赢得和自身能力有关的积极评价，同时避免消极评价，避免犯错。换句话说，当学生追求表现型目标时，他们关心的是智力水平，即希望自己看起来是聪明的而非愚蠢的。这些孩子把目标放在了如何让自己看上去很棒上面。当然他们也会承担一些有一定难度的任务，但前提是他们非常确定自己可以做到。

另一种目标叫作学习型目标。这种目标旨在提升自身的能力。当学生追求学习型目标时，他们会把学习的重点放在学习新技能、学习新知识、提升自身的能力上，而不是避免出错。事实上，那些有利于学习的任务常常充满挑战，容易暴露出个体的无知，或者需要个体承担犯错误的风险，但以提升能力为导向的学生出于对成长的渴望而并不在意这些。

卡罗尔教授的研究发现，这两种目标均相当正常且普遍，也都能帮助人们获取成就。所有学生都希望自己的能力和成绩得到认可，同时也希望增长自己的知识和提高技能。这两种目标都没有错，但是，如果过分强调表现型目标，会导致学生对学习型目标产生排斥，让他们放弃含有任何犯错风险的宝贵学习机会。同时，过分强调表现型目标会增加学生的无助反应。当学生在任务中表现不佳时，他们就会贬低自己的能力，陷入无助。反之不同，强调学习型目标会使得学生把掌握新事物的关注点放在找到学习策略上。如果事情进展不顺，那与智力无关，仅仅意味着还没有找到正确的学习策略，唯一需要做的是继续寻找。

按照卡罗尔教授的定义，那份闪着光辉的简历中的每一个标签，都是一个表现型目标的达成。如果学生在十几年的求学生涯中始终把目标放在获得一个又一个的"标签"上，他们最终的生命状态会是什么样呢？表现型目标带给学生们最大的影响是让他们无法认清自身的真正价值。他们用外部的评价和标准来衡量自身的价值。因此，当学生获得负面评价时，他们就很容易否定自我价值；与此同时，他们也会变得越来越依赖外部评价。在电影《肖申克的救赎》中，监狱里的老大哥瑞德有一段经典台词："我告诉你，这些围墙很有趣，开始，你恨它们，接着，你适应了它们，时间久了，你开始离不开它们。"这正是学生与外部评价之间微妙关系的写照。

学生越是将自我价值附着在外部评价上，越会变得脆弱和迷茫。2017 年，中国华侨公益基金会、青羚公益基金、易观与青领会对 8 万份青年大学生成长数据进行分析后发现，95.7% 的大学生存在迷茫和困惑，其中大一和大四学生最为明显。很多人进入大学后，因为没有了长久以来由父母、学校、社会设定的表现型目标和评价标准，感知不到自己存在的意义和价值，失去了目标的孩子们陷入深深的迷茫之中，这是一种强烈的无力感。

知乎上曾经发起过一个热议的话题：为什么大学过得比高中还累？在 2300 多个回答里，"因为迷茫、迷失自我而感觉到累"等类似答案占了绝大部分。类似的讨论早在 40 多年前就出现过。1980 年,《中国青年》杂志第 5 期发表了署名 "潘晓"[1] 的一封来信,题目为《人生的路呵,怎么越走越窄……》。这封信中真实的彷徨、苦闷、迷惘和怀疑,切中了刚刚经历 "文革" 后无数年轻人心中的 "痛点",它引发了一场关于人生意义的大讨论,编辑部陆续收到 6 万多封回信。"潘晓讨论" 让那一代年轻人拨开迷雾,为那些在精神桎梏中痛苦挣扎的自由心灵解放了思想,经过讨论,很多人不再迷茫,明确了人生的意义,"在振兴祖国的奋斗中开拓人生之路"。

在那场大讨论中,年轻人虽然迷茫,但并不是无力的,更像是在森林迷途中因为找到了方向而在披荆斩棘中兴奋地前进。而今天的年轻人的迷茫,更像是深陷泥沼,因为知道无法逃离而停止了呼救。北京大学心理健康与咨询中心副主任徐凯文把这种状态称为 "空心病",他在一次演讲中说,得了 "空心病" 的孩子的共同点是 "我不知道我是谁,我不知道我到哪儿去了,我的自我在哪里,我觉得我从来没有来过这个世界,我过去 19 年、20 多年的日子好像都是在为别人活着,我不知道自己是要成为什么样的人"。这些孩子仿佛在一场噩梦中试图醒来,但很多人不敢醒来,或者虽然醒了,却依然装睡,因为要否定自己过去的 20 年,顶着巨大的头颅如婴儿般重新活过,是一件极其痛苦、羞耻和令人恐惧的事情。

自我意义的探索受阻,将引发诸多心理问题。一位小学老师告诉我,她教的一位学生成绩非常好,但曾因为只考了 99 分而哭了半小时。

1　"潘晓" 是个笔名,并不是某一个真实的人物,而是将两个人的姓名各取一字组成的。"潘晓" 的 "潘" 来自出生于 1959 年的北京经济学院(现为首都经贸大学)经济数学系二年级本科生潘祎,"潘晓" 的 "晓" 则来自出生于 1955 年的女青年黄晓菊。《中国青年》编辑部将两位年轻人的观点进行整合后,以一封来信的形式发表。

后来这个孩子考上了北京大学，却因为失去了努力的方向和意义感，在大二时被诊断为抑郁症，选择了在家休学。奥地利心理学家、"意义疗法"的提出者维克多·弗兰克尔指出："动物寻求快乐与征服，却不懂生存的意义，人的本性在于探求意义。由于探求意义的意愿是人类的主要动机，因此，倘若在现实生活中这一内在的欲求受到阻碍，就会引起人的心理障碍。"2022年，抑郁研究所联合《人民日报》等机构，在抑郁症患者群体中收集了6670份有效问卷，发布了《2022年国民抑郁症蓝皮书》。数据显示，抑郁症发病群体正呈现出年轻化趋势，24岁以下的抑郁症患者占总人数的65%，抑郁症患者中50%为在校学生。抑郁症的一大特点正是生活目标感、意义感的缺失，对学业、生活提不起兴趣，甚至在荷尔蒙最旺盛的年纪也不想恋爱，浑浑噩噩地熬日子，陷入严重的迷茫状态。

每个人都有成长的渴望。真正的成长是一种自然舒展的状态，基于一种天然的好奇心驱使，有一种发自内心的喜悦。虽然失败时也会沮丧，但并不会否定自我，而是接纳自我。成长的目标是成长本身，而不是获得外在的刺激。成长是一种无条件的过程。然而，这个时代把成长的目标放错了，放在了那些短暂的、标签式的、外在的东西上。由此，我们开始把那些看似不能够带来价值的部分或不被人们认可的部分隐藏起来。它们隐藏在黑暗中，如霉菌一样，不断滋生着令人感到害怕和羞耻的能量，这些能量让我们不断地否定潜在黑暗中的那部分自己。这样一来，我们越是朝外在的目标努力，我们就越发分离，越发对自己失望，越发感到内心匮乏，最终引发一系列的身心问题。我们总是会在生命的某个阶段回到起点，去追问一些最为底层的问题：

· 我是谁？
· 生命的意义到底是什么？

- 是为了满足他人的需求，还是探索生命的价值？
- 我应该为自己设定怎样的人生目标？
- 我究竟应该如何鲜活而真实地活着？

这些问题为幽暗中的自我带来了一丝光明。请不要错过这样的机会，去聆听吧，它是真我的呼唤。

匮乏的一代

今日的生活条件比过去不知强上多少倍，但我们的内心仍觉不够：金钱不够多，时间不够用，升职不够快，车子不够好，容貌不够美，孩子不够懂事，父母不够爱我，我不够完美……总之，这个世界没有按照我们的心意来。究其原因，是深深埋藏于内心的匮乏感。

匮乏感的源头是我们认为这个世界是有条件的——只有听父母的话，他们才会爱我；只有不犯错，老师才会喜欢我；只有上补习班，成绩才能提升；只有用和其他同学一样的文具，才会被同学接纳；只有考上重点大学，父母才有面子；只有买了房子车子，才能结婚；只有事事顺从，婆婆才会喜欢我；只有修过的图，才敢发一发朋友圈；只有干得比别人好，才不会被裁掉；只有赚到足够多的钱，才能够去追寻自己渴望的生活；只有在北京立足，才有脸回老家……从小到大，我们总是在为获取这些外在条件而努力着，同时也在为达不到这些条件而焦虑。即使达成了某个条件，也在担心有一天它们会消失。这些"只有……才……"的话语体系，与上节谈到的表现型目标一样，让我们把努力的重点放在了去获得那些外在的事物和评价——各种各样的条件上。我们试图用那些外在的标签去打造一个自我保护的硬壳，外壳越是坚硬，我们就越依赖它们，也就慢慢忘记了那些我们本来就有的东西。

作家兰妮·提斯特（Lynne Twist）在她的著作《金钱的灵魂》（*The Soul of Money*）中道出了关于匮乏感的一些迷思。她写道：

> 对大多数人来说，包括我在内，早上醒来的第一个念头就是"我睡得不够"，接下来的第二个念头是"我觉得时间不够用"。不论真假，"不够"的想法总是自动地出现在脑海里，由不得我们半点思考。我们整天把时间浪费在倾听、解释、抱怨，以及担心我们有什么东西不够用上面，比如我们的练习量不够、工作不够卖力、赚的钱不够多、拥有的权力不够大、掌权的时间不够长、周末不够用，当然，我们的钱永远都不够用。

> 我们不够苗条、不够智慧、不够漂亮、不够健美、获得感恩与愉悦不够熟练、不够成功、不够富有——永远都不够。每天从被窝里爬起来，脚还没碰到地板之前，就已经觉得什么都不够、什么都落后、什么都失去、什么都匮乏。直到晚上睡觉前，我们的脑袋还纠结着白天一连串没做好或是没做完的事情。我们带着沉重的念头入睡，第二天又带着匮乏感醒来……

每次当我们感到匮乏的时候，伴随而来的都是焦虑、恐惧、羞耻感，我们的惯性反应是去弥补它，满足它的需要，以此消除它。我们想要用一切必要的手段来填补它，我们认为满足它的需求和渴望是很重要的。博物学者河森堡甚至写了一本书《进击的智人》，来阐述人类的历史是如何在不断弥补匮乏中实现进步的。虽然历史如此，但未必以后也应如此。如果说智人在生存中选择弥补匮乏是一种必然的选择，那么，生活在现代社会中的我们是不是可以不再迎向匮乏，而是走另外一条路呢？遗憾的是，在这个资本为王的现代世界里，资本喜欢匮乏。它们深知，匮乏将创造自我剥削，创造消费；匮乏是现代社会经济发展的必要基础。如果人们感觉富足，就会停止向外抓取，就不会有"自我剥削"式的拼命工作，也不会用消费来填补欲望。人们只有感觉自己处在匮乏之中——无论是物质的匮乏，还是心理的匮乏感——才会去想办法获得更多。因此，资本的一项重要工作，就是让穷国更穷，让穷人更穷——至少它们改善的速度要低于资本增值的速度。

另一方面，资本运用各种宣传工具，激发人们对物质的无限欲望，鼓吹消费至上，并为人们提供快速满足欲望的消费模式——便捷的在线购买渠道、迅捷的物流、0 首付无抵押的贷款、允许透支和分期的高额度信用卡……我们不再比谁更勤奋，而是比谁的着装更有档次，谁的手机紧跟潮流，谁有航空公司的白金卡，谁是银行的黑卡 VVVIP，谁的住所物业更高级，谁的度假地更奢华，谁的孩子能够在"贵族"学校受教育……这成为一大批年轻人在这个时代的价值追求。从这个意义上看，国家耗费巨大的气力，不过是在培养一批批待资本"宰割"的具有匮乏感的消费者而已。

当处于匮乏感之中，人们往往会进入一个匮乏的恶性循环中。这是因为，身处匮乏感中，人们的认知能力、决策能力都会变得更弱，因而更加无力摆脱现状。英国剑桥大学教授阿南迪·曼尼（Anandi Mani）和其他几位社会科学家曾经在《科学》杂志上发表了一篇名为《贫困阻碍认知功能》的文章。[1] 他们认为，贫困以及与之相伴而生的忧虑，给个人有限的精神资源带来了不适当的负担。与那些摆脱贫困的人相比，这种负担使贫困的人缺乏做出选择和采取行动的认知资源。曼尼等人写道，穷人"能力较差，并不是因为他们的内在特征，而是因为贫困本身的环境增加了负担，阻碍了他们的认知能力"。在他们的研究中，社会科

---

1 Anandi Mani, S. Mullainathan, Jiaying Zhao, Poverty Impedes Cognitive Function, Science, 2013.

学家们比较了印度农民在收获甘蔗前和收获甘蔗后的认知水平。研究发现，与收获后相比，同一个农民在收获前的认知水平较低。具体来说，在收获后，这些受试者在瑞文测验和空间模型测验中表现得比收获前更好，其认知能力增强。而当他们感到贫穷的压力时，他们的认知表现下降的水平相当于一整晚都没有睡觉或者智商下降了 13 点。研究者认为，这是因为与贫穷相关的问题会消耗人们的心理资源，从而使他们在做其他任务时更加无力。但是，必须指出的是，得出的结论并不限于传统的贫穷人口。研究者将贫困定义为"一个人的需求与满足这些需求的可用资源之间的差距"。也就是说，贫困的人是那些内心感觉匮乏的人，他们觉得自己拥有的比需要的要少。换句话说，即使你拥有足够多的财富，如果你仍然感觉"不够"，你也依然是一个贫困的人。

这项研究的共同作者，哈佛大学经济学教授塞德希尔·穆来纳森（Sendhil Mullainathan）和普林斯顿大学心理学教授埃尔德·沙菲尔（Eldar Shafir）进一步讨论了像贫困这样的精神负担是如何影响认知能力的，并写成了一本畅销书《稀缺》。在这本书的前言中，他们写道："稀缺俘获了大脑。就像饥饿的人在他们的脑海中日思夜想着食物一样，当我们体验到任何类型的匮乏时，我们就会被它所吸引。大脑会自动、有力地指向未被满足的需求。对于饥饿的人来说，他们需要的是食物；对于手头拮据的人来说，他们需要的可能是支付这个月的房租；对于孤独的人来说，他们需要的是陪伴。稀缺不仅仅是拥有甚少而引发的不悦，而是它改变了我们的思维方式。它强加于我们的思想之中。"两位作者的研究发现，稀缺心态或匮乏感会大大降低大脑的认知能力和执行控制力，致使我们缺乏洞察力和前瞻性，还会减弱我们的执行控制力。我们会着眼于一些眼下的、紧急的问题，但是同时会忽略长远的目标或更深层次的问题，出现"头痛医头、脚痛医脚"的现象。例如，过度借贷而不顾将来要付出的成本已经大大超过了收益。

没有发展中国家，就没有现代资本主义对世界的支配；没有了穷人，也就没有了富人；没有了匮乏，就没有了消费。"因为他们匮乏，我们才能赚钱。"这是资本的宣言。现实就是如此。资本之所以能够制造贫穷，制造匮乏，而匮乏又让我们陷入更深的匮乏，是因为它利用了人性中的那些弱点，或者说，我们与匮乏的关系在资本的加持下被固化了。我们需要从匮乏驱动、填满欲望的路上慢下来，停下来，走到另外一条路上去。

我们需要视匮乏为最高的老师，我们倾听，等待它的教导。如果我们一味地满足匮乏感，我们就没有视其为老师，而是掩盖了它想发出的声音，然后假装自己很好。满足匮乏感是最偷懒的方式，是逃避现实的方式。如果我们把匮乏当作老师，不逃跑，也不迎合，就像你面对一位真正的老师，你只是听他的言论，观察他的行动，以从中学习，你会发现，匮乏并不是你要解决的问题，在匮乏出现之前，问题的根源就已经存在，并不断积累能量，直到以匮乏感的方式来提醒你。虽然满足匮乏感能够给我们带来短暂的愉悦，但它永远也不能解决问题。匮乏提供了一道缝隙，只要你愿意，就可以透过这道缝隙，窥见内心深处那些打结的东西，以及真相。匮乏是我们的保护者，是一个信使，但我们常常误解了它想要传递的信息。我们以为匮乏想告诉我们的信息是：对于我来说，这个世界是有条件的。其实匮乏想说的是：你需要关注的是你已经拥有的东西，那些不依赖于外部世界而存在的东西——你的那些内在品质：纯真、善良、好奇、勇敢、慷慨……不换一条路走，我们将在各种力量的裹挟下，培养出更加匮乏的一代。

心智的转变

另一条路，究竟是怎样的一条路？是对匮乏的否定、打击、不允许吗？如果这样做，只不过是用新的匮乏来替代旧的匮乏。治愈匮乏的方法不是一味地满足它，而是允许生命中存在匮乏的状态，把它视为生命的一部分。当我们能够完整地理解生命中所发生的一切，我们就会成为一个内心富足的人。从匮乏到富足是一种心智的转化，匮乏让我们只能从一个角度去理解周遭发生的事情，而内心富足的人能够完整地看到事物的不同面向。完整的视角意味着就算是一件给我们带来麻烦的事、我们不喜欢的事，或者负面的事，我们也能从中发现积极的影响。因此，富足并不否定匮乏，而是把匮乏也当作整体的一部分——错误是学习的一部分，失败是成长的一部分，体验过失去才会更珍惜和享受当下，经历过委屈、误解，才有机会深入了解彼此……内心富足让我们停止向外抓取，更加珍视自我，开始学着向内看，去发现那些我们本来就有的内在品质和资源。原来，我们已经拥有了很多。走在这条路上，我们会更加安心，也更有勇气去面对所发生的一切。但这并不是一条容易的路。

教师，不需要成为理想中的自己

如果教师充满匮乏感，对自己、对教学、对学生会有什么样的影响？一位总觉得自己时间不够用的老师，会把工作重点放在解决当下要完成的事情上，因而难以每天拿出整段时间来做更长远和更重要的事，而因为这份着急，他也很难进行深入、细致、全面的思考。我想，在这样的状态下，他的工作质量不会太高，或者工作质量提升速度会很缓慢。带着这份焦虑进行教学的老师，只是不断地重复自己过去的教学经验而已，必然缺少深度思考后的教学创新。一个整日匆忙的老师，不会停下来欣赏一片阳光下的树叶，因为对他而言，闲暇和对美的追求十分奢侈，是不被自己允许的。

当我们用忙碌回应忙碌，并不会拥有更多的时间，反而会变得更加忙碌。这一观点也得到了大脑和神经科学研究的支持。研究发现，如果人们长时间在琐碎的、临时性的、流程化的、重复性的工作中切换，注意力水平就会下降。这是因为不断地进行任务切换，以及多任务导致的任务混淆会占用大脑过多的处理带宽。我们看似处理了许多工作，但分配在每件工作上的注意力要比单独处理一件事情少很多。当我们习惯了这样的模式，大脑就会主动寻求信息刺激——不断检查手机上是否有新的信息需要回应，数据是否顺利上传，下午开会的材料是否准备妥当——从而陷入"大脑忙碌综合征"。这样，当我们处理重要的事情时，就很难专注地思考。决定教师工作价值的，不是那些琐碎、表面的工作，而是"水面"之下工作的"深度"。深度工作的状态，是今日的教师们真正缺乏的。

一位不能自我欣赏的老师，遇到错误、失败时会陷入自我苛责之中，也会把自我苛责的状态带到课堂，把注意力放在学生的错误和无关痛痒的细节上，很难发自内心地去欣赏学生的成长。这种老师的课堂氛围往往是压抑的，而学生会因为总是不能达到老师的要求而小心翼翼，缺乏自信，甚至厌恶这样的课堂。加拿大教育学者大卫·杰弗里·史密斯（David Geoffrey Smith）认为："爱自己的学生，意味着与他们保持这样一种交往关系：不是事先决定好如何让他们成为我希望的样子，而是接受我们对彼此的局限性，而不只是想象中的可能性。惟其如此，我们才能达到共享的真理。教育学关怀应在以下动态系统中表达出来：既拥抱世界，又放任世界，在这种拥抱世界和放任世界的状态中重新发现自我，这样，师生之间相互引导，臻于成熟，相互贡献各自的才干，而绝对不能预先设定一个'永久'的结构。"[1]无法接纳自我的教师恰恰活在预先设定的结构里,这种结构并非什么具体的标准,而是一个永远不可能达到的目标——完美。因此,我们对自己永远不满。我们总想要自己更加地完美,但世界总是不能如我们所愿,一遍遍地让我们经历失败、挫折、错误。深陷匮乏中的老师对此的解读是:我还不够好,我不值得被认可。我们在追求完美的路上一遍遍地否定自我。

然而,教师的成长之旅不是变得更加完美,而是变得更加完整。我们无须完美。我的老师杰瑞·格雷奈里于 2019 年到中国进行文化交流时向我们讲述了这样一个故事:

> 有一次,我和我的孙女在散步,那时她有 19 岁了。
>
> 她问我:"爷爷,你难道就不想成为你梦想中的自己吗?"
>
> 我说不想。
>
> 她很惊讶,张大了嘴问:"为什么呢?"
>
> 我说,因为那是梦里的,
>
> 我更愿意去感受当下的我是什么样的。
>
> 我可能有一部分清醒,有一部分疯狂,有一部分很粗糙,有一部分很细腻,但不管是什么,这些就是我的原材料。
>
> 我从此时此地当下的状态开始,开始做练习,开始工作。
>
> 当我的孙女听到以后,她大大地舒了一口气,
>
> 她说:"原来是这样,我一直想成为梦想中的我,这真的让我累死了。"

故事讲完后,杰瑞又接着说:"我们不需要去成为理想中的自己。追逐理想的自己,如同跟随在飞驰的列车后奔跑,你花了一生的时间去

---

1 大卫·杰弗里·史密斯,《全球化与后现代教育学》,教育科学出版社,2000。

追，却永远都追不上。停下追逐的脚步，我们愿意如实地面对、认知自己和世界，愿意看清楚此时此地的我是什么样的。"放下理想中的自己，意味着我们能如实地面对自己，能放下对自己严厉的批判或暴力，能温柔地对待自己。

放下理想中的自己，并不意味着"躺平"或平庸，而是将自己从一种"紧巴巴"的状态中解放出来。我们仍然可以有人生的目标，但我们享受的是追寻目标的过程，而不是被目标锁死。愿意从当下出发，从真实的自我出发，意味着对自我是接纳的，是和谐的，所以我们是松弛的，我们为自己留出了很大的空间去探索和成长，因而也有更多的勇气去做出新的尝试，去创造，去犯错，去挑战自己，甚至有可能一不小心就超越了原有的目标。

自我接纳所带来的松弛感还能让我们对自己有更多的感知与觉察。你会清晰地发现，"我们曾设下障碍，来保护所谓的自我，然后，有一天，自己被关在了自造的障碍后面，出不来"[1]，当我们觉察到这层屏障之时，它就开始松动了。在我们经历小心翼翼、害怕、痛苦、感动、热泪盈眶……各种情绪之后，屏障或外壳慢慢地裂开、褪去，我们最终得以触碰内心的柔软——它本来的样子，它并非我们以为的那般脆弱。于是，我们愿意敞开自己，以真实的自我与整个世界连接，我们被世界稳稳地托起，我们不再被自我所局限，这一切，就是自我完整的过程，也是自我超越的过程。

当一位教师敢于去接纳真实的自己，带来的转变是巨大的。一位身处西北偏远地区的小学教师因为渴望改变自己，曾三次参加我带领的"塑造成长型课堂"学习营。她告诉我，她从小因为家庭的种种变故而缺乏安全感，形成了"讨好"型人格模式。无论别人怎么对她，她都放

1　罗伯特·弗希尔，《盔甲骑士》，机械工业出版社，2016。

低自尊，逆来顺受，自己生气了，愤怒了，也只能独自忍受，不敢正视自己的情绪。直到生了一场大病，她才逼着自己去正视过去，探索自己内在的心智模式。慢慢地，她开始允许自己表达真实的情绪，也开始发现真实的自己是如此美好。在学习营期间，她写下了这样的文字：

爱自己

爱自己，就是细心呵护好自己会呼吸的身体，因为身体是生命修炼的载体。

爱自己，就是无条件地接纳全部的自己，无论是如意，还是不如意。

爱自己，就是允许不舒服、不痛快以及那些负面的情绪流经自己，如同一阵轻风拂过，不留一丝痕迹。

爱自己，就是让已经过去的就留在过去，当下的生活不再受到它的牵引和羁绊。

爱自己，就是宽恕所有的一切，放过我们自己。

爱自己，就是放开那些死死抓住自己的念头，让念头如天上的云朵飘然而来，又飘然而去。

爱自己，就是不贪恋外界的认同，让自己不活在被认同的牢笼里。

爱自己，就是默默地做自己本分的事情，只是陪伴和付出，不索求任何的回报。

爱自己，就是不把自己封闭在小小的自我里，敞开心门，全然地接受看到、感受到的这个世界。

爱自己，就是不评判，不期待，全神贯注在当下所做的每一件事情里。

爱自己，就是看，只是看，让一切流经自己。

爱自己，就是对自己的一切负起责任，不活在原因、理由、借口里。

爱自己，就是时刻记得自己知道自己，让自己的心静静地在那里。

爱自己，就是完全地认同自己，肯定自己，欣赏、赞美自己是独特的生命。

爱自己，就是放松自己，让自己不受外界环境和评判的影响。

爱自己，就是完完全全地相信自己是最好的，用充满爱意的目光打量自己，用温柔的手轻轻地抚摸自己。

爱自己，就是活出内心深处想要活出的那个自己，让自己时刻活在放松、自然、平静、自在和喜乐里！

爱自己，就是过好每一个当下！

这是一篇饱含能量的文字。我能够感受到文字背后的那个鲜活的、想要活出真实自己的生命。真心希望，我们的每一位教师都能如此，都能全心投入生活，全力去爱，能够温柔、诚实地说出自己的不完美，而不是陷入羞耻和恐惧中，也能够带着勇气、善良和仁慈对待自己和世界。

加拿大歌手兼诗人莱昂纳德·科恩（Leonard Cohen）在他的《赞美诗》中唱道："世间万物皆有裂痕，如此阳光才能照进。"我们无须完美，如此我们才能体验世间的五味杂陈，才有无限的可能去成长。

我们可以不依赖于任何事物而存在

现代人处在一种与机器世界——生产流水线、电脑、网络服务器、汽车、洗碗机、空调、发电机、自来水净化设备、工程机械、武器共生的关系之中。因为我们是其中的一部分，我们才感觉自己强大或貌似强大。如果没有这些机器，人类就如孩童般无能为力，失去安全感。一方面，人类运用机器去改造世界，另一方面，我们也被机器改造着，统治着。那么，我们是否能够不依赖于任何外物而存在呢？大多数人不会去追问这个问题，但当他们无所依靠时，他们会感到焦虑或恐惧。

关于这个问题的讨论，我们必然要提到法兰克福学派的心理学家埃里希·弗洛姆（Erich Fromm），以及他在 1976 年出版的《存在的艺术》（*To Have or to Be?*）。在书中，他将人的生存方式分为占有模式和存在模式。处在占有模式的人，会根据他已经拥有的或能拥有的来给自己定义，即"我不是我自己，而是我所占有的对象所体现出的我"。而存在模式的生存方式则关注生命存在本身，以人的潜能的实现为生存的目的。

为了说明占有模式与存在模式的区别，弗洛姆曾以两首内容近似的诗为例。[1]一首是日本诗人松尾芭蕉所写的俳句体诗，另一首为英国维多利亚时代最受欢迎的诗人阿尔弗雷德·丁尼生（Alfred Tennyson）所写。两首诗都描述了诗人在散步时对一朵花所作出的反应。丁尼生的诗是这样的：

> 在墙上的裂缝中有一朵花，
>
> 我把它连根一起拿下。
>
> 手中的这朵小花，
>
> 假如我能懂得你是什么，
>
> 根须和一切，一切中的一切，
>
> 那我就知道了什么是上帝和人。

而松尾芭蕉的俳句则是这样的：

1　郭永玉，《孤立无援的现代人》，湖北教育出版社，2001。

凝神细细望，

篱笆墙下一簇花，

悄然正开放！

显然，丁尼生对花的态度是占有它。他把这朵花连根拔起，目的是从根须中研究"什么是上帝和人"，但事实上，诗人的眼中并没有生命，有的只是他自己——为了自己的需要而选择占有另外一个生命。松尾芭蕉对花所作出的反应完全不同。他不想去摘取它，只是"细细望"，在他的诗句里，诗人、篱笆、花朵、花朵的姿态都自然而然地存在着，没有谁去打扰谁，只有一个生命对另一个生命的开放。这就是存在模式的人所持的状态。

丁尼生出生于 1809 年，成名于 19 世纪 30 年代，他所在的维多利亚时代通常被认为是英国工业革命的顶峰。在维多利亚时代中期，英国一国的工业生产能力超越了全世界其他国家工业生产能力的总和，它的对外贸易额也超过了世界上其他任何一个国家。英国凭借自身的强悍实力，四处掠夺殖民地，使得英国的总面积达到惊人的 3600 万平方公里，成为"日不落帝国"，要知道，英国本土的面积只有 24.5 万平方公里。在英国蓬勃发展的同时，"占有"文化也被深深地根植于工业文明之中——资本对生产资料（包括劳动力）的"占有"，让劳动者逐渐失去了自我，劳动者又徒劳地企图通过寻求"占有"来定义自身的价值。只要资本"占有"生产资料的根本关系不发生改变，无论科技如何进步，劳动者在这场博弈中都永远无法获胜，将持久地陷入"占有—匮乏"的循环中。

时至今日，我们越发依赖外物来定义自己，我们也越发被这些外物所占有。这里所指的"占有"，不仅是对物质的占有，还有对某些特征的占有，比如，"专家""艺术家""领导者""一个好人"……很多人终其一生都在追求这些标签，以此来证明自己的价值，同时，也被这些占有的或追求的标签所限制。这种相互依赖的关系，让我们在"占有—匮乏"的循环中越陷越深。跳出这个循环的方法，不是用"占有"回应"匮乏"，而是让自己不再附着于任何外物之上——我就是我自己，我不需要去证明什么，我也不需要用什么事物来定义自己。松尾芭蕉眼中的那朵花就是一朵花，它无须向谁说明自己是一朵花，它也无须用蜜蜂的停留或者被人摘取来定义自己是一朵花。它以本来面目示人，毫不做作，也因此显得舒展而精彩。我们也可以如一朵花般活着——不需要整个花园，只需要一小块土壤，或者石头缝里的那点土也行，在一场雨后发芽，迎着每天的阳光生长，攀向高处……然后，在某个清晨绽放。之所以能够生长，并不是因为被人每天细心对待，而是种子里蕴含的生命力，已经饱含了成为一朵花的所有力量。当然，也有可能最终成不了一朵花，但迎着阳光生长过，品尝过清晨的露水，听过飞鸟的鸣叫，见过在风中摇曳、坚韧的自己，也就足够啦。

我们可以如一朵花一样，不依赖外物而存在着，这就需要我们将目光投向自己的内在，发现自己的生命力，以及其中包含的品质，可能是善良、勇敢、优雅、坦诚、热情、幽默、仁爱……你会发现，无论生命中遭遇什么，这些品质一直都在，它们是我们的一部分，它们不是谁给我们的，也没有人可以从我们这里拿走。这就是我们的本性，也是我们最重要的资源。《教学勇气》的作者帕克·帕尔默教授认为，教师最终只能依靠自己的本性去教学。他在书中讲述了自己的一段故事。帕尔默教授的教学生涯刚刚起步时，曾拼命效仿他大学导师的"满堂灌"的授课方式，不给学生留一点提问和讨论的时间。一段时间之后，他发现这种教学方式并不适合他，于是他开始尝试在教学中引入对话。这种方式让他兴味盎然："我得去倾听，去反应，去随机应变，这样更有可能听到来自别人和自己的出乎意料的独到见解。"这并不是说"讲授法"不好，帕尔默认为只是"对话法"更契合自己的本性而已。扎根于本性的教学让我们不依赖于教学方法，而是让教学方法服务于本性。"寻找一种与我们自己的本性更契合的教学方式，让这种教学方式与我们自己的个性相整合，以此为依托才能呈现我们师生在课上翩翩共舞的唯美画面……如果教学方法不是扎根于教师的本心，无论教师的教学方法怎样花样翻新，对任何人都毫无作用可言。"[1] 依托于自己的本心或我称之为内在品质的教学，蕴含了教师自身的生命力，因此是鲜活的、生动的，将唤起学生们的生命力。这样的课堂，哪怕是在破屋烂瓦之内，也会让人陶醉其中。

真正的好教师，不是在扮演"教师"。他们并没有去占有"教师"的名号，他们只是以自己真实的样子示人，他们的存在状态就是"师者"。一旦我们去扮演教师，我们就与教师有了距离，我们就需要用外物来定义自己——学生优秀，我才是好教师；评上区级骨干，我才是好教师；听课专家给予好评，我才是好教师；学生毕业了回来看我，我才是好教师。这种状态的教师，也需要用各种方法来支撑自己成为好教师——项目式教学、大单元教学、游戏化教学、体验式学习、混合式学习。一旦我们想要去占有"教师"这个头衔，我们也就被与之相关的那些外物占有了，由此，自我产生了分离，我们无法把自己内在的品质当作资源，也无法活出自己真实的样子，这是很多教师痛苦的源头。帕尔默一直在强调，好的教学并不依赖于所使用的教学方法，而是"依赖于我在多大程度上认识自己和信任自己""当我们更多地、更深地了解自我时，我们就能学到展现而非掩饰自己个性特点的各种教学技巧，由此可产生优质教学"。[2] 因此，教师从事教育工作的起点，应该是花足够的时间去认清自己，找到自己的本性。

一旦看清自己的内在品质，你就会认识到，这种本性的力量不能被

---

1 帕克·帕尔默，《教学勇气》，华东师范大学出版社，2014。

2 同上。

消费、买卖或像物品一样被拥有，只能在实践中被挖掘，并且随着不断地使用而增加，源源不绝。如果教师的教育生活是围绕自己的本性展开，他们将是内心丰盈、鲜活完整、无所畏惧、不依赖于外物的生命存在。

在服务他人中超越自我

我们之所以会感到匮乏，还有一个很重要的原因，就是认为自己就是世界的中心——虽然很多人不愿意承认这一点。有些人会认为，这个世界上发生的事情都是关于"我"的：我还不够好、他们不喜欢我、我要站在 C 位、这个事情是我出的主意、多亏有了我、我怕他们笑话我、他们有的我也想要、为什么受伤的总是我……当他们以这样的方式去理解当下周遭所发生的一切，就很容易落入匮乏的状态中。保加利亚美国大学的威廉·克拉克（William Clark）教授在一次 TED 演讲中打了一个比方来说明这种状况。他解释道，如果我们专注于自我，就如同身处在一个比较小的盒子里面，我们每个人都有一个这样的盒子，如果我们认为这个盒子是世界上最重要的盒子，那我们就会守着自己的盒子，钻进自己的盒子里不出来。这个时候，我们就会被自己的盒子限制住，哪里也去不了。这个盒子叫作"自我"，也有人称之为"小我"。"自我"特别渴望被关注，如果你不关注它，它就会以各种各样的方式让你去注意它。譬如，当你想走出这个盒子，"自我"就有了一种生存危机，它以为自己将要不存在了，于是激发出诸如焦虑、紧张、害怕这样的情绪和匮乏的念头来阻止我们走出去。我们越是放不下自我，就越是被困在盒子之中。

当我们走出"自我"的盒子，就可以看到更大的世界，你会发现外面有更大的一片天地等待着我们去行走。不要被自己的盒子困住，你的盒子也不是世界上最重要的盒子。所谓走出盒子，就是不以自我为中心去思考问题，而是真正地去关心他人，以他们的视角去看问题，去思考，你才能看到更大的世界，才能采取更加符合整体利益的行动。走出盒子最好的练习就是去服务他人，去问一问："我可以帮助你什么？""我可以为这个事情贡献什么价值？"直觉上，我们认为服务他人会让自己失去些什么，会让自己更加匮乏，但实际上，我们并没有失去什么，反而会因此获得很多。在服务他人的过程中，我们会获得一种心灵上的开放感——我们与更大的世界连接着，仿佛被世界赋能。我们能够更加清晰地感知到自己的内在品质，它们流动起来，形成一种力量，推动我们行动。这才是真正的富足，是内心丰盈带来的巨大力量。

然而，现代文明将自我意识放大：被宠坏的独生子女、拥有百万粉丝的明星、被极力讨好的消费者、拥有涨薪和裁员权力的经理人、被社交媒体追捧的个人 IP……这一切让自我的盒子被打造得更加牢固，我们想走出去的难度更大。因此，我们需要有意识地练习，而服务他人，是发掘内心本性、丰盈生命的最好练习。教师也可以试着从教导学生转变为服务于学生的生命成长，这对于教师究竟意味着什么呢？

服务于学生的生命成长，意味着教师需要去倾听，倾听学生内心的渴望，并作出回应。

这是全然开放的倾听，是一种单纯的听。当听到风吹过树叶、鸟鸣虫叫，不升起欢喜；听到汽车喇叭声、路人在街边吵架，也不升起厌恶。即放下自己的好恶，去听到声音本身，只有这样才能感受到声音想要传达的所有信息。当教师这样做时，他会听到学生的吵闹中洋溢着青春的气息，因此不会呵斥制止，而是鼓励他们去奔跑，去歌唱，让青春得以生长；当教师这样做时，他会在一片沉默中听到害怕、羞耻和被压抑的好奇心，因此不会责骂他们不积极，而是为孩子们创建安全的空间，并有足够的耐心去等待孩子们说出自己真实的思考；当教师这样做时，他会在学生对晚交作业的辩解中，听到学生对自尊的需要和被老师接纳的渴望，因此不会给学生贴上"差生""爱说谎"的标签，而是会和学生好好聊一聊，去了解学生所面临的真实挑战。

单纯地听，说起来很容易，要想做到却非常不易，我们太习惯于用以自我为中心的方式去听，即在声音之上以闪电般的速度蒙上一层我们的观念，由此，我们只是听到了我们想要听到的东西，却以为那就是事实。但其实，我们是有选择的，我们可以选择凭借自我固有的经验去理解发生的事情，也可以选择放下过去的经验，全新地感受当下。当我们选择后者时，我们就走出了自己的盒子。

服务于学生的生命成长，意味着放下"我想要"的执念，只有这样，才知道此时此刻，做什么事情才能支持到学生。

我一直认为，教学是遗憾的艺术，我们总是会经历很多不完美的教学时刻，但正是这些遗憾，才让教学变得完整——教师和学生得以从各种真实的状况中学习。但很多教师在面对正在发生的"事故"时，抱着"我想要"的执念不放。例如，老师备课时准备了提问的问题，可在课堂上，学生总是答不出老师想听的答案，于是老师就一口气叫五六个学生不停地回答问题，直到答出老师想要的答案为止。这不是服务于学生生命成长的教学，而是服务于教师需要的教学，本末倒置。

如果老师能够放下"我想要"的想法，愿意将学生错误的回答当作一种教学资源，就有可能让学生体验一次如何从错误中发现真理。对于学生来说，这可能是他生命中至关重要的一课，远比按计划完成一堂课的教学要重要得多。放下"我想要"的执念，是对当下的一种接纳，也是对自我的接纳。最好的方法就是去问问自己，此时此刻发生什么才能有利于学生的成长。用心倾听，我们总会在内心听到一些声音，告诉你此刻什么是正确的事。当然，与那个声音一同到来的，还有一些情绪，它们可能是害怕、焦虑、犹豫、自责……自我总是用这样"老掉牙"的把戏阻止我们迈出"盒子"。此时，请将自己完完全全地交给当下，倾听当下，由当下引领着自己去行动。这就如同你在参加一场网球比赛，你需要非常地专注，同时保持敏锐的觉察，这样才能依据上一秒的局面，打出制胜一球。这个过程里面，没有"我想要"发挥的空间，只有当下的引领。虽然课堂教学不似比赛那么紧张激烈，但"把自己交给当下"的体验是类似的。

服务于学生的生命成长，意味着打开自己，用完整的自己去和学生连接。

我很喜欢蒋勋老师的一段话："当我们在和别人交流的时候，不应该只通过自己的脑子去分析评判，而应该打开我们的视觉，打开我们的听觉，打开我们的触觉，以我们的整个人去感受对方的人生，这样才能实现生命与生命的连接……仅仅靠大脑理性的思考和评判，是无法实现与他人生命的连接的。当我们打开自己，我们会允许内心的东西自然而然地流淌出来，我们会成为更真实而有感染力的人，我们将超越自我的局限。"这段话表达了两个层面的意思：一方面，打开自己，能够接收到丰富的信息，我们才有机会深入地理解学生；另一方面，打开自己，才能让自己内心真实的感受得以释放。教师不仅展现出"学为人师，行为世范"的一面，也展示出脆弱、悲伤、无助、承认无知的另一面。教师这种"完整"而非"完美"的状态，将创造一间勇敢的教室，学生敢于展示自己的脆弱、错误、失败、害怕、软弱、焦虑，从而让真正的学习得以发生。这样，至少在这里，学生们可以卸下重重的外壳，恢复生命原有的活力。

服务于学生的生命成长，意味着教师要发展出立足于本性的责任感。

善良、仁爱、真诚、幽默、勇敢……这些是我们的内在本性。如果我们的责任感仅仅是基于学校、社会、行政部门对教师的要求，那么，当它们做出有悖于学生生命成长的决策时，我们可能就会选择服从，更大的问题也会随之而来。"学校就是这么安排的""所有老师都是这么做的""上级就是这么要求的"……我们有了合理化的借口去为自己错误的行为开脱。而立足于本性发展出的责任感，像是一颗定心丸，当黑云压城，狂风四起时，在慌乱中，我们总是可以在自己的内心看到一丝光亮，它会带领我们走出黑暗的时刻，走出那些限制我们的"盒子"。

这份立足于本性的责任感，让教师能够更理解孩子，也更知道什么是正确的事。那么拥有责任感的教师，可以做些什么呢？当学生结结巴巴地回答问题时，教师可以为他留出足够的时间让他进行完整的表达，因为教师知道，如果给予学生信任，他们便会生长出勇敢。当学生被欺负却没有去找班主任时，班主任可以陪着孩子走回家，让孩子知道他无须独自面对他人的暴力和霸凌。当班里的篮球队比赛失利被淘汰时，教师可以陪着孩子们一起伤心哭泣，并且为每位篮球小将写上一段肯定和鼓励的话。教师从本性而发的选择，会让一个个生命得到唤醒和滋养。

生命中的那些起伏，是为了让我们创造奇迹

最近，重读玛格丽特老师的《领导力与新科学》，读到开头不久的一句话就停住了，它让我有了很多思考。

水因为重力的作用而从高处流向低处，并最终回到大海的怀抱。溪流的形态虽然在变，但目标是明确的，结构的出现，所起的作用是创造条件而非干预。

当读到这段文字的时候，我有几段回忆浮现出来。

2001 年，我与几个朋友徒步虎跳峡，沿着蜿蜒的山路一直走到谷底，看到了一幅令人震撼的画面。那一段的金沙江似乎知道回到大海是它的归宿，所以一路高歌猛进，毫不犹豫。那些砸在巨石上的水花高高跃起，似乎是要用这样的方式来看清自己的旅程。

对于河流而言，那些巨石从来都不是一种阻碍，而是一种际遇，让河流有机会创造新的方式去表达自己，展现自己，这些都缘于河流非常清楚地知道它要去向大海。

1989 年，28 岁的中国摇滚教父崔健发行了中国历史上第一张原创摇滚专辑《新长征路上的摇滚》，里面有一首歌叫《花房姑娘》，当年无数年轻人背着吉他，在爱慕的姑娘面前唱起它。其中让我印象最深的一句歌词是"你问我要去向何方，我指着大海的方向"。那些唱歌的青年们，你们真的知道自己生命中的大海在哪里吗？不仅那些青年，我们每个人都行走在生命的大河之中，我们又是否知道自己一生追求的"大海"在哪里呢？在遇到生命中的"巨石"的时候，我们是选择掉头折返，还是选择像浪花般高高跃起，探索另一种生命的可能？抑或不做选择，只是随波逐流呢？

谈到随波逐流，又让我回想起另一个片段。

2010 年，我和朋友们去尼泊尔漂流，宽阔的河面上，皮艇如一叶小舟，只能在大河中随波起伏。然而，坐在船尾的漂流教练却指挥我们调整船头方向，让我们冲入激流，迎接挑战和冲击，奋力通过，我们因为渡过难关而击桨欢呼。同行的还有另外一队人马，他们没有选择与我们一道冲进激流，而是绕开而行，看上去平静悠闲。

与漂流一样，在人生的大河中，每时每刻我们都在做选择。我相信，每时每刻我们总是可以有不同的选择。遗憾的是，在这个时代，很多人选择了"随波逐流"，把选择的权利交给了别人。这看上去是最省力的，这样一来，崔健的歌词就应该改成"你问我要去向何方，我指着你去的方向"。可是它真的不费力吗？如果它真的不费力，真的让人心生向往，这个时代就不会有那么多内心挣扎的人——他们想要改变现状，但又暂时无能为力。这是个焦虑的时代，我们的焦虑缘于不知道生命的方向。在这个智慧淹没在知识里、知识淹没在信息里的时代，焦虑成了很多产品的一部分。渐渐地，我们越来越关注外界的声音，越来越不相信自己，我们充满担忧与恐惧，失去了对生命方向的直觉，也失去了探索的勇气，无法行动。我们在不知不觉中，成了随波逐流的一员。我们将要失去的，或许是人类的精神世界。

2017 年，我与家人一道在澳大利亚大洋路驱车自驾。站在海边，我望向如此辽阔的大海，想到万千大江大河最终都汇聚于此，无论你之前是万马奔腾，还是静静潜流，在融入大海的那一刻，便被大海温柔而安静地拥抱着，完全融为一体。

在我们的生命之中，我们要去往的大海，不在世界上的某个角落，不需要驱车万里，它就在我们的心灵之中。那里有一片海洋，它在我们未曾探索的领域，它就是我们生命的方向，它温柔、辽阔，连接着整个人类的精神世界。而恐惧、焦虑、期待……让我们内心升起重重迷雾，不知道如何走向这片海洋。然而在每时每刻，如果我们向这个世界敞开自己，我们就能感受到温柔、优雅和勇敢，并以此来面对世界上发生的一切。当我们这样做，我们就有机会与我们心灵的海洋相遇。曾经有那么一些时刻，我与它相遇了，并写下了这首小诗：

> 在辽阔的心灵的海洋里，
> 爱与愤怒是在一起的，
> 勇气与恐惧是在一起的，
> 信任与怀疑是在一起的，
> 错误与成长是在一起的，

悲伤与喜悦是在一起的，

失去与得到是在一起的，

自由与目标是在一起的，

看见与看不见是在一起的，

我和我自己是在一起的，

我们是在一起的，

在辽阔的心灵的海洋里。

愿我们每一个人，都能享受此时此刻，并在每时每刻，敢于去创造生命的奇迹！

每章十问

1. 你有匮乏感吗？它们从何而来？

2. 你如何与匮乏感相处？

3. 你具备哪些内在的品质，它们是别人拿不走的？

4. 你很欣赏自己的_____。

5. 作为教育工作者，你的外在和内在目标是什么？

6. 放下外在的标签，思考一下你是谁。

7. 真实的自己是什么样的？

8. 你是如何爱自己的？

9. 如果你是一株小草，你将怎样活着？

10. 回顾自己的一次生命的起伏，自己失去了什么，又得到了什么？

第四章

从分离到整体

要做一个整个的人，别做一个不完全、命分式的人。

中国虽然有四万万人，试问有几个是整个的人？

——陶行知

当下的局面

美国麻省理工学院工程学院前院长戈登·布朗（Gordon S. Brown）曾对今日教育做出这样的告诫：成为一名伟大的老师就是做一名预言家——因为你需要帮助年轻人为未来 30 年做好准备，而不是为今天。然而，回望过去 400 年，今日的教育模式依然遵循着工业时代的传承，我们能帮助年轻人做好面对未来的准备吗？

机器时代

17 世纪的欧洲，人的平均预期寿命是 30 岁。疾病如此猖獗，以至于在伦敦，死亡人数超过了出生人数。那个时期，人们相信超自然现象是司空见惯的，即使知识分子也是如此。一位著名科学家认为，治疗白内障的最佳方法是将干燥的人类粪便吹入患者的眼睛。在这种迷信中，一小群科学家——主要是数学家和天文学家，开始破译宇宙的运行原理。他们本身就是虔诚的教徒，他们进行调查以证明上帝确实创造了一个完美、有序的世界。

17 世纪晚期，当绝大多数人仅看到分崩离析的世界时，世界在伽利略、开普勒、笛卡尔、莱布尼茨、牛顿这群早期科学家眼中却有着完美的秩序。这群人是当时西方世界最聪明的人，他们笃信宗教，试图通过自身的不懈努力解读上帝的心意，并以此来认清楚这个世界。

他们宣称，宇宙在表面的混乱下，其实像是结构复杂并运行完美的机械时钟。他们将宇宙比作一个由上帝上紧发条的机械时钟，就像一台完美的机器，它的齿轮受物理定律的控制。上帝对宇宙的唯一贡献是让万物运转起来，然后，科学定律就占据了主导地位。开普勒在 1605 年写道："我的目标是让人们看到，天体这台机器好比是一组钟表的仪器，而不是一个神的组织。"美国历史学家丹尼尔·布尔斯廷（Daniel Boorstin）的研究表明，"笛卡尔以钟表作为他的原型机器"。英国作家、哲学家阿瑟·凯斯特勒（Arthur Koester）认为，牛顿为上帝赋予了双重身份——宇宙钟表机器的创始人和负责维护与修理的管理者。

钟表的比喻让科学家们自然而然地把世界看作由相互分离的部件组成，像一台机器里的不同部件那样，嵌合组装在了一起。这提供了一种令人陶醉的前景——我们最终可以完全理解这个宇宙。这给处在崩溃边缘的西方世界带来了一丝曙光。科学家们开始相信，世界的运行如钟表般是既定的，如果我们掌握每一个组成部件的运行规律，我们就能够预测更为复杂的事物的行为，进而可以掌控这个世界。这就是被称为"还原论"的世界观——各种复杂现象被认为总可以通过把它们分解为基本元素及其相互作用的关系来加以认识。

还原论要求尽可能地以客观理性的方式描述对象。美国历史学家路易斯·芒福德（Lewis Mumford）在《技术与文明》中谈到物理学在建立时被用到的几个基本原理。第一个原理是，除去质的因素，把注意力集中到事物的可称重、可度量大小和可计数的方面，集中到可以控制、可以重复的时间空间序列……从而化复杂事物为简单。第二个原理是，把注意力集中到外部世界，在处理有关数据时将观察者的因素消除。第三个原理是，将研究对象孤立，限制研究的范围——将兴趣专门化，并做细致的分工。在这样的世界里，随机选取一个人就能够代表人类全体；随机选取一滴水，也能够代表水箱里所有的水。虽然这样的研究方法有助于人类去了解世界，但也把事物的完整性和生命力排除在外。

当我们用还原论或机械宇宙观去理解这个世界时，这个世界也越发像一个机器一样运作着。系统思考运动的发起者拉塞尔·阿科夫（Russell Ackoff）说："人们相信，宇宙是一台机器，由上帝创造出来去完成其工作。人作为这台机器的一部分，应按上帝的旨意行事……显然，接下来就是人类应该制造机器，去完成人类应该做的工作。"毫无疑问，我们仍然身处历史学家路易斯·芒福德口中的"机器时代"。

分离的代价

"机器时代"在创造文明的同时，也在蹂躏着人类的内心世界。

由于各式机器的发明和大规模使用，工业革命最显著的成果就是生产效率得到极大的提升，超出了传统人力可以达到的程度。发明家、企业主最大的兴趣在于提高生产效率。从 1770 年到 1812 年，英国纺织业的劳动生产率增长了 120 倍。根据商业历史学家小阿尔弗雷德·钱德勒（Alfred Chandler. Jr）的研究，到 1880 年，生产产品的工人中有五分之四在机械化工厂里工作。人在生产过程中被看作整个生产系统的一部分，但这部分是可替代的，因为只有这样才能够在最大程度上提升效率。因此，负责同一个模块的工人都被训练成动作、能力相同的人。换句话说，在那个时代，在机械化工厂中工作的工人只是生产线的配件之一。只有下班之后，工人们才能活回鲜活的人类。

这种流水线、专业化分工的模式体现了那个时代人类对征服自然的信念，但与其说是征服，不如说是远离，人们的身心状态越来越"不自然"，其中最核心的问题是不允许我们以"完整"的状态生活。这一点体现在以下几个方面：

与自己分离

泰勒的科学管理，强调的是分工和重复性的动作，以此提高生产效率。在工业时代的早期，工人们被要求放下情感，放下头脑，只带着双手开始工作。后来随着时代的发展，组织和工作的复杂程度提升，人们被要求带着头脑来工作，但情感仍然要放在家里——"闹情绪"被视为非常不职业的表现。与此同时，工业时代造就了一种"美德"——遵守时间。人们的生存节律由机器决定。所有人都以同样的节律活着，什么时候上班，什么时候吃饭，什么时候拧螺丝，什么时候上车，什么时候调休……我们需要听从外在的机器声来行事。这种机器节律、没有灵活性的工具状态从工厂慢慢地侵入了我们的教育生活。最著名、最具影响力的例子可能来自阿尔文·托夫勒（Alvin Toffler），他在 1970 年出版的《未来的冲击》一书中谴责了"工业时代学派"：

> 大众教育是工业主义制造的巧妙机器，用来培养它所需要的成年人。这个问题异常复杂。如何提前让孩子适应一个新世界——一个充满重复的室内劳作、烟雾、噪声、机器、拥挤的生活条件和集体纪律的世界，一个时间不是由太阳和月亮的周期，而是由工厂的哨子和时钟来调节的世界。

> 解决办法是建立一个教育系统，在其结构上模拟这个新世界。这一体系并不是立即出现的。即使在今天，它仍然保留着前工业社

会的复古元素。然而，将大批学生（原材料）组装起来，由教师（工人）在位于中心的学校（工厂）进行加工的整个想法，却是工业天才的一个创举。整个教育的行政等级制度，随着发展，遵循了工业官僚制度的模式。将知识组织成永久性学科的基础是工业假设。孩子们从一个地方走到另一个地方，坐在指定的位置上。钟声响起，宣布时间到了。

学校的内部生活因此成为一面预期的镜子，一个对工业社会的完美复刻。当今教育最受批评的特点就是严格管制，缺乏个性，座位、分组、评分和评分的僵化制度，以及教师的权威角色，正是这些特点使大众教育成为适应其地点和时间的有效工具。

托夫勒的谴责已经过去了 50 年，然而即使在今天，我们的教室、上课的内容、学习的节律、评价的标准仍然是一样的——依然有很多学校要求学生们上课时要把手放到身体背后或者保持姿势端正，以确保头脑能够认真参与学习，身体和情绪并不被认为是重要的学习资源。在这样的模式下，学生学会了展露能够得到认可的那一部分自己——他们非常清楚教师的评价标准。十几年的求学之路让我们习惯性地把所谓"不好"的那一部分自己隐藏起来，但与此同时，"好"的那一部分也会隐藏起来或不再灵动了。当我们把愤怒的情绪隐藏起来，喜悦的情绪也不再经常光临；当我们把羞耻感隐藏起来，自信也随之慢慢减退；当我们把不同的观点隐藏起来，思维的活力也消失了；当我们以更快、更好、更强作为目标，把不完美的部分扔掉，我们就越来越虚假，远离真正的自我。

在这个时代，大多数人都处在自我分离当中。《教学勇气》的作者帕克·帕尔默列举了一些迹象，表明我们可能正在过着一种分裂的生活：

- 我们拒绝把自己投入到工作中……
- 我们的工作违背了我们的基本价值观。
- 我们所处的环境或关系会不断地扼杀我们的精神。
- 我们隐藏自己的真实身份，因为害怕被批评、回避或攻击……
- 我们感觉到生活中缺少了什么，于是四处寻找，却不知道缺少的是真实的自己。
- 我们觉得自己被欺骗了，甚至被忽视了，因为我们在这个世界并不是以真实的自我活着。

在自我分离的生活中，我们感觉到内心世界和外部世界之间的不协调。我们觉得不真实。我们错过了"真我给予生命的能量"。帕尔默根据自己的经历（包括严重的、使人衰弱的抑郁症发作）指出："当我们违背真实的自我时，它会抗拒我们，并控制我们的生活……直到我们尊重它的真相。"这是痛苦和耻辱的，因为这感觉就像我们生活在谎言中，自我的本性没有得到尊重。我们需要停下来想想：我是谁？我的真我本性是什么？

与他人分离

工业革命对于组织发展的贡献是巨大的，其中最重要的贡献之一就是劳动分工理论。1776 年 3 月，亚当·斯密在《国富论》中第一次提出了劳动分工的观点，并系统全面地阐述了劳动分工对提高劳动生产率和增进国民财富的巨大作用。亚当·斯密认为，劳动分工可以使工人重复完成单项操作，从而提高劳动熟练程度，提高劳动效率，还可以减少由于变换工作而损失的时间。同时，劳动分工使劳动简化，使劳动者的注意力集中在一种特定的对象上，有利于创造新工具和改进设备。

　　劳动分工理论对于管理理论的发展起到了十分重要的作用，后来的专业分工、管理职能的分工、社会分工等理论都与亚当·斯密的劳动分工理论有着密切的关系。这一理论也一直影响着企业的管理模式，到 20 世纪初，亨利·福特把专业化分工运用到极致，他把生产一辆车的生产过程分成了 8772 个工时，并以此创造了生产流水线的模式。

　　专业化分工成为早期企业管理的主要模式。直到 1958 年，当时的巨无霸企业通用电气，想找到一批具有综合管理能力的经理人担任下属企业总经理的职责，在企业内部物色了很久后发现，通用电气根本就没有这样的人——每个人在自己的专业领域内都很优秀，但是能够把握整个企业经营管理的人才太少了。因此，通用电气成立了世界上第一家企业大学——克劳顿，邀请大学教授为企业培养综合性管理人才，并开始进行组织改革，探索新的组织管理模式，打破专业化分工的壁垒。此后，矩阵式组织管理模式才得以兴起。

　　由此可见，虽然专业化分工带来了组织效率的极大提升，但也导致个体仅专注于自己所在的领域，完成自己所负责的目标，对于整体和他人的情况并不关心。越大型的组织，自我与他人的分离也就越大。英文单词"division"的含义是"部门"，它的词根来源于拉丁文 divisare（分离，分开）。英文单词"department"的含义也是"部门"，它的动词 depart 的含义是"离开"。不难发现，专业化的基础，就是分离、割裂。

　　专业化分割导致人与人分离的最极端的例子就是纳粹集中营中的大屠杀。对于这场犹太人的悲剧，最为普遍的观点是将大屠杀看作欧洲基督徒反犹主义的顶点，这是一个独特的事件，与社会学并无关系。而另外一种观点认为，大屠杀揭露了现代社会的另一面，我们用我们崇拜的现代文明——现代工厂、专业分工、科学技术、官僚体制，为大屠杀的发生创造一切条件。美国社会学家亨利·费恩戈尔德（Henry L. Feingold）从现代性的角度带我们重新审视了大屠杀：

（奥斯维辛）也是现代工厂体系在俗世的一种延伸。与生产商品不同的是，这里的原材料是人，而最终产品是死亡，因此，每天都有那么多单位量被仔细地标注在管理者的生产表上。而现代工厂体系的象征——烟囱，则将焚化人的躯体产生的浓烟滚滚排出。还有现代欧洲布局精密的铁路网向"工厂"输送着新的"原料"。这同运输其他货物没有什么两样。在毒气室里，受害者们吸入由氢氰酸小球放出的毒气，这种小球又是出自德国先进的化学工业。工程师们设计出了火葬场，管理者们设计了用落后国家可能会嫉妒的热情和效率运转着的官僚制度体系。就连整个计划本身都是扭曲的现代科学精神的映射。我们目睹的一切只不过是社会工程一个庞大的工作计划……

——德国历史教育家费恩戈尔德，《大屠杀到底有多么独特？》[1]

促成大屠杀的每一个因素看上去都是正常的，这是最让人感到不寒而栗的地方。按照犹太裔美国政治学家和历史学家劳尔·希尔伯格（Raul Hilberg）在《欧洲犹太人的毁灭》一书中的话来说，"必须牢记（种族灭绝的）大多数参与者没有对犹太小孩开枪或者往毒气室倾灌毒气……大多数官僚成员所做的只是起草备忘录、绘制蓝图、电话交谈和参加会议。他们只要坐在他们的桌子旁边就能毁灭整个人类"。

他们的行为和大屠杀之间的因果联系是难以察觉的。道德谴责几乎不再依附于人的自然秉性。这令人惊骇的道德盲视怎么可能会发生？英国社会学家齐格蒙特·鲍曼在《现代性与大屠杀》中写道：

行为与其后果之间的身体和（或）精神距离的增加超过了道德自抑发挥作用的程度；它抹杀了行为的道德意义，因而预先避免了

1　Henry L.Feingold, How Unique is the Holocaust, Genocide: critical issues of the Holocaust, 1983.

个人所持的道德正当标准与行为的社会后果的不道德性之间的一切冲突。随着大多数具有社会意义的行为得到一长串复杂的因果和功能依赖关系的中介，道德困境消失在视野之中，而做进一步检审和有意识的道德选择的机会也就越来越少了。[1]

也就是说，当我们与他人在时空上、身体上、关系上、精神上产生足够大的分离，我们的行为就不再受道德约束，就可能会产生道德盲视。这是现代性的悲哀。虽然大屠杀是极端的，但现代性造成的人与人之间的分离却比比皆是。

工人在流水线上关注的是如何配合流水线或完成生产工序，他们并不关注产品怎么想。我想这是可以理解的，因为毕竟产品没有生命。但这样的模式复制到学校之后，就造成了一种巨大的分离。在工业时代的"学校工厂"中，教师更关注的是完成"生产任务"，而非关注"产品"的想法。无论教师投入多少时间去关注学生的想法，他的核心工作都是要完成既定的教学目标；无论教师付出多少去回应学生，他都必须要按照"流水线"的节律去工作。

"机器"的轰鸣声盖过了生命的呼唤，这是悲哀，也是无奈。有多少老师愿意在雨天带着学生撑一把油伞，在戴望舒的《雨巷》中寻找丁香姑娘？有多少老师能够带着学生"逃"掉一节课，在春日里徜徉于和煦的阳光下和初绽的连翘中，只为让孩子们感受生命的恣意生长和喜悦？又有多少老师愿意在假期带学生去绍兴兰渚山下寻访一场雅集，体验王羲之在《兰亭集序》中对生命发出的感叹？

学校的节奏没有给出一个空间，让生命停留与喘息，让生命聆听生命，让生命连接生命。这导致教师与学生的连接是表浅的，学生与作家、科学家的连接也是表浅的。当学习停留在知识记忆和模式化应用的

1 齐格蒙特·鲍曼，《现代性与大屠杀》，译林出版社，2011年。

层次上，没有激活与生活和生命的连接，学生必然会产生对学习的厌倦和对生命意义的困扰，甚至失望。但因为父母、社会施加的压力，学生又不得不继续学习，这又进一步造成了他们与自我的分离。孩子们发自生命的呼唤难以得到另一个生命的回应，此刻，哲学家雅斯贝尔斯关于"教育是一个灵魂唤醒另一个灵魂"的信念，仿佛成了谎言。

与世界分离

机器体系的发展导致各类商品大规模地出现。这些商品如果不能得到消费，机器体系就无法运转下去，也就没有了存在的意义。历史学家路易斯·芒福德认为，在 19 世纪，随着资产阶级个人主义的发展，过度消费的风气迅速蔓延到了整个社会。消费观念取代了神圣或人性的观念。"死后升入天堂"的基督教观念，现在已经被"即刻享受"的观念所替代——只要你有钱，就可以满足你的一切物质需求。商品不仅是生活必需品，而且成了值得尊重、令人向往的东西。19 世纪的实用主义哲学用金钱来描述成功，人们用"获取大量的、最好的商品"来定义幸福，以此避免痛苦，寻求快乐。人们对"商品生活就是美好生活"的信仰，让机器体系有了社会目的和存在的理由。基于这样的集体心智，一个巨大的增长回路得以建立起来——更多的物质需求、更大的市场、更多的企业、更加吸引人的商品、更多的需求和购买。

在这个巨大的雪球背后，隐藏着两个重要假设：第一个假设是，人类的需求是无限的；第二个假设是，我们所在世界的资源是取之不尽的。

我们之所以会有无限的欲望，与自我的分离有关。在我看来，消费主义的核心观念就是强调我们自己还不够好，我们可以通过消费变得更好。只要我们不接受真实的自我，我们就会掉入消费主义的黑洞。现代文明貌似把人类从不光彩的工作奴隶这一身份中拯救出来，却又让人类成为消费的奴隶。消费奴隶更关心的是如何满足自己的需求，而并不关心这个世界是不是会更好；更关心的是买的东西是不是能够安全运输，而并不关心被丢弃的快递包装将如何处理。城市的建设似乎也在传递着这样一个信息：只要建立起完美的城市，城市外发生的一切，将与居住在其中的人类无关。所以，尽情地消费吧。这是多么可笑的想法。

我们会培养出更多的"消费奴隶"吗？

如果我们不改变工业时代的教育方式，问题的答案几乎是肯定的。教育的终极目的是培养真实而完整的人，即接受自己本来的样子，发现自己的内在资源或天赋，并在追求自身使命的同时为社会创造价值。而工业时代的教育模式里，教育的目的是将孩子塑造成为一个符合某种标准的"产品"。这种模式天然地在儿童的内心植入这样的心智：我不够好，我还要更努力才能达到他们制定的标准。不仅如此，我们的升学制度也在传递着相似的信号：只有最好的，才能得到发展的机会。所以，虽然人们对衡水模式诟病不已，但仍然有大量家长挤破头地想把自己的孩子送到这样的学校去。

学生不敢承认和接纳那个不完美的自己，教育体制和社会文化也没有给出足够的空间来承托生命的不完美，于是学生内心逐渐形成了一种黑洞般的匮乏感，成年后就会拼命地向外抓取，以填补自己无法满足的需求。而消费就是一剂快速"止痛"的良药，它的副作用就是让我们常常忘记去寻找真我，并让我们陷入一种集体的自私当中——每个人都需要先满足自己后才能关注他人、社会和这个世界。彼得·圣吉在《第五项修炼》中用"公地悲剧"来描述这一现状：个体仅仅根据自己的需要来使用公共资源，开始时大家各有所得，后来得到的越来越少，结果促使大家加倍努力获取资源，最后导致资源耗竭。

要想停止分离，就需要承认现实，去了解自己，去了解世界真实的样子。然而，现代教育的方法是教给学生提炼后的知识，而不是由孩子们自己去探究，通过体验慢慢总结出来。我们的"流水线"没有给孩子那么多的时间。这样的教育方式只是让孩子们在大脑里多了一些记忆，没有与这个世界发生真正深入的连接。正是因为没有那份连接，所以我们并不会去真正地关心这个世界好不好——地球似乎与个体没什么关系。

心智的转变

在这个存在诸多分离的时代，我们需要回归"完整"。传统的机械宇宙观、身心二元论或要素主义已经不能解释这个复杂的世界，反而让人们越来越迷茫，人们需要从整体的层面来把握问题和趋势。整体论并不否定机械宇宙观或身心二元论，反而能够兼容它们，但机械宇宙观、身心二元论却不能兼容整体论。例如，基于整体论的中医能容纳西医，而源于机械宇宙观、身心二元论的西医却难以容下中医。我相信基于整体论的教育是今日教育的一次重大升级，是人类意识螺旋式进化的显现。

教育工作者要敢于率先走上这条以整体观为指引的道路，正如哲人克里希那穆提所言，"教育首先应该鼓励一种整体的生活观"。当教师以整体的视角去看世界、去生活，便有可能为学生创造更为广阔的成长空间；当教师把注意力放在建构世界的各种变化关系上，学生的教育生活便有了灵气，鲜活起来。为此，教育工作者需要具备以下几方面的视野和观念：

世界是一个相互连接的整体

2500 年前的古老智慧就已经向我们表明，世界是一个整体，彼此连接就是世界本来的样子。尽管有这些永恒而古老的智慧在前，我们却迟迟没有理解它们传递的深意。

当今世界危机显露，战争、瘟疫、气候恶化、经济崩溃……如果人类想在不让自己粉身碎骨的情况下摆脱掉任何危机，就必须基于整体观去生活。由此，我们也不难理解为什么克里希那穆提认为教育首先应该鼓励一种整体的生活观。这样的教育，以系统和联系的视角去理解世界，帮助学生认清和打破内心所有偏见和固有模式，鼓励正确的自我观察，鼓励学生去经历完整的生活——既不逃避，也不对抗，而是开放、深入地理解，从而帮助心灵超越自身局限，看到更加广阔的天地，也为自己和他人创造更多的选择。这样的教育蕴藏着消除当下危机的可能性。

基于整体观的教育与传统的工业时代的教育有巨大的差异。来自墨西哥的整体教育学家拉蒙·加列戈斯·纳瓦（Ramon Gallegos Nava）对基于机械宇宙观形成的教育方法和基于整体观的教育进行了区分（见下表）[1]。在拉蒙的描绘中，整体观下的教育更加关注万物之间的连接，挖掘的是人类的内在智慧，探究复杂而真实的生活中蕴含的规律。学生们将在这样的教育生活中发现世界本来的样子，他们在步入成人的世界后，也有能力与这个动态复杂的世界共舞。

1　Gallegos Nava, R.（2001）. Holistic education: Pedagogy of Universal Love. Brandon, VT: Foundation for Educational Renewal.

教师的进化

机械式的教育	整体的教育
比喻：19 世纪的工厂	比喻：21 世纪的网络式组织
多学科的	超越学科的
碎片化的知识	整体的知识
有体系的	全人的
依靠经验进行分析	不被经验局限
发展思维能力	启迪智慧
科学至上	关注心灵
还原论	整体论
重点是如何教	重点是如何学
静态的、预先确定式的课程	开放的、动态变化的课程
课程侧重学科知识	课程侧重对人的了解
行为层面表浅的改变	意识层面深层的转变
知识讲授式的学习	基于探究的学习
生硬的应用心理学	对心灵持续的探索
对万事万物外在的、可量化的维度进行探索	对万事万物外在的 / 内在的、可量化的 / 本质的维度进行探索
不了解自我也能够探索万物	只有认知自我才能探索万物
智能只有一种层次，即头脑层面的或理性层面的（逻辑、数理）	存在至少七个层次的智能，它们同样重要
学校是一个官僚组织	学校是一个学习共同体
源于机械宇宙观	源于新科学带来的认知（量子力学等）
通过简化来认识世界	认识到世界的复杂性
弱肉强食意识	生态意识

当教师以整体和连接的视角看待教育，课堂会发生以下五个方面的转变：

转变一：从关注部分转向关注整体

将注意力从关注部分转向关注整体。当我们关注整体的时候，我们也能够更清晰地看到部分之间的差异。在教室里教学生如何画一只蜜蜂，不如带着孩子们到学校的花园中去上课，让孩子们在画蜜蜂的时候把它们所处的自然环境也画下来。此时，学生感知到的蜜蜂是与自然融为一体的，是有生命力的，不再是纸上的印刷品或投影出的一幅图片。这样的生命体验，对于学生的成长非常有意义——割裂的视角无法还原整体的世界，而整体的视角却可以帮助我们更好地理解任何一个局部。学生学习的品质和对学习本质的理解，不仅与教师所营造的课堂氛围有关，更与他们所在的学校整体文化有很大的关系。对于学校而言，这种转变也体现在单一学科向整合课程模式的转变。

转变二：从关注要素转向关注关系

世界是一个整体，在一个具有整体性的系统中，要素之间的关系常常比要素本身还重要。一个生态系统并不是各类物种的简单大集合，而是由生命体之间，以及生命体与环境之间的互动关系所构成。在学校中，这种转变让课堂教学的内容从关注单一的事物或事件，转向更加注重帮助孩子们看到事物之间的关联，包括它们与孩子自身的关联，当孩子们看到学习与自我、与他人、与世界的关系时，他们的内在学习动力更容易被激发。同时，这种转变也体现在从基于课程内容的教学，转向基于关系的教学，教师更加关注学生们在学习过程中如何进行讨论、合作、解决冲突和达成一致。"关系"成为教师与学生关注的重点，而众多"事件"成为带领我们看到这些关系和整体性的机会。

转变三：从确定性转向可能性

当人们关注关系、关注整体的时候，自然会更加关注那些正在生成的事物，而不是一成不变的、已经确定的事物，因为无论是关系还是由关系构成的整体都具有发展性或者流动性。例如，明天与今天是有紧密关系的，它们共同构建人的生命的一部分。但明天存在不确定性，而当我们把教给孩子的内容看作一种确定性，那生成一个新的明天的可能性就被抹杀了。当孩子看不到明天的多样性和不确定性的时候，创新的张力也就消失了。教师如何能够退后一步，让孩子去探索可能性，而不是由教师去传授确定的知识？这就需要教师能够对不确定性保持开放，对正在生成的未来保持好奇，学会放下对未知的恐惧（因为真正的明天对于老师而言也是未知的，讲授确定性的知识可以减少恐惧），能够在与未知共舞中教与学。

转变四：从专注结果转向专注过程

系统是不断在发展和转变的。如果我们专注在一个期待的结果上，我们就很难再对各种可能性保持好奇心，也很难关注到达成结果的过程中系统给我们的各种反馈（只会关注那些对结果达成有关的反馈）。在课堂上，这种转变意味着教师要认识到，让学生自己尝试解决问题，比找到正确的答案更重要，让学生讨论如何进行决策，比决策本身更重要。

但这并不意味着我们要放弃目标，恰恰相反，我们需要清晰地理解育人的大目标，并以此为引领，不断地关注学生、同事、家长在学校教育过程中的反馈，不断地调整和探索，不被那些具体、零散、短期的小目标限制住，持续地改进方法，这才能为实现育人的大目标留出足够的空间来。

转变五：从相互竞争转向共同成长

詹姆斯·吉米安（James Gimian）和柏瑞·博伊斯（Barry Boyce）两位加拿大学者在研究《孙子兵法》40年后提出，在相互连接的世界里，全胜，即整体的胜利是我们唯一的选择。他们在《全胜》[1]一书中指出："世界是一个整体，以局部、短期、线性的视野追逐胜利，必定会在系统中引发更大的动荡或灾难⋯⋯真正的胜利是整体性的胜利。"它不仅意味着领导者要把竞争中的另一方争取到有利于自己的一侧，他还要具有比任何一方视角都更宽广的视野，能看到冲突双方都未曾想到的解决方案和可能性。如此，"就不会有冲突导致的残骸，你可以从胜利中建立更伟大的事物"。这一视角让我们打破你输我赢的零和博弈，在一个更大的系统中去探索应对冲突的可能性。

这种观念与工业时代的教育刚好相反。工业时代的教育体系常常把学习当作个人的事，测试也是衡量个人的学习能力，而标准化的升学考试也意味着学生之间的关系是竞争性的。个体的、竞争性的、内卷的教育体验无论如何也培育不出具备整体意识的学生，当他们步入成人的世界，会给世界带来持续的混乱。

中国的教育工作者需要特别意识到建立学习共同体的意义。学习共同体的理念最早由美国教育家约翰·杜威（John Dewey）提出，由日本

---

1 詹姆斯·吉米安，柏瑞·博伊斯，《全胜》，机械工业出版社，2020。

教育学会前会长佐藤学带入亚洲。学习共同体的核心在于共同体中的每一个人都是平等的，他们互相信任，互相支持，每个人和其他人的关系都是一种非常良性的关系。上海真爱梦想公益基金会学习共同体研究院的陈静静博士曾经举过一个例子，特别生动。她认为，基于学习共同体构建的课堂如同交响乐——每个人都发出自己的声音，且每个人发出的声音都不一样，但是每个人的声音都是不可或缺的一部分，正是因为这些不一样的人声音都各自不同，才构成了完整的乐章。这才是基于整体观的学习，不仅强调学习的内容是关乎整体和连接的，更重要的是，学生在以整体和连接的方式进行学习，这样一来，学生所学、所感、所行就完全一致了。

要构建这样的课堂，需要教师学会把差异当作资源，这是很难的。每一个孩子的认知都不一样，观点也不一样，教师需要设计教学体验，让学生们认识到，正是这种不一样，这种多元化的认知和多元化的观点，才使得对问题的挖掘不断走向深入。要鼓励每一个人都倾听其他人的声音，让学生也把差异当作资源，从而不断完善自己的观点，才会出现交响乐般的课堂。

因和果不一定紧密相连

学习型组织之父彼得·圣吉先生在《第五项修炼》中曾经提出过11条系统的法则。他指出，其中一条是复杂人类系统的一个基本特征，就是因和果在时空中不是紧密相连的。"果"是指问题显现出来的表面症状，例如，成绩下降、升学率降低、班主任频繁更换、恶劣天气增多、失业等。"因"是指系统中造成这些症状发生的相互作用。如果我们能够发现因果之间的连接，那么我们就有可能找出长久解决问题的办法。

人们常常秉持着一种假设——因和果是在同一个时空中紧密连接的。这与我们从小的体验有关。小时候我们体验到，哇哇大哭就有奶喝，走路不稳就会摔跤，触碰琴键就会听到声响，吃到美味就会开心，考试成绩优秀就会被表扬。我们逐渐形成了一种信念：结果总是离它产生的原因不远。但事实上，系统最大的特点之一就是存在时滞。很多事情的结果并不是立刻就会显现。锻炼一天，你是看不出自己有什么变化的，坚持锻炼三个月才会看到效果。教育也是如此，我们并不清楚我们今天的教育方式对孩子的未来会有什么影响，也正因为如此，教师更需要对教育抱有敬畏之心和耐心。

我曾经读过一本绘本，叫作《安的种子》。

故事讲述的是一个老和尚拿出三颗古老的莲花种子，给了本、静、安三个小和尚。本想要第一个种出来，静琢磨种出来的方法，而安只是想：我有了一颗种子。此时是冬天，还下着雪。本是一个急躁的男孩，他得到种子后立刻就把它种下了，但是本的种子最终并没有发芽。他愤怒地刨开了地，摔烂了锄头，不再干了。而静抱着一摞厚厚的书，他想到了先查资料，运用知识来种莲花。静认真研究种植的方法，他找来金花盆，用名贵的药水和花土种下了种子，倍加呵护，一心培养莲花。有一天，静的种子发芽了，他欣喜若狂。怕莲花幼苗受不住寒冷，他又盖上了金盖子。然而，缺少了空气和阳光的莲花幼苗没几天就枯萎了。静很难过。安在得到种子后，把种子装进小布袋里，挂在自己胸前，一如往常地吃饭、睡觉、干活，直到春天来了才在池塘的一角种下种子。不久，安的种子发芽了，并苗壮地成长。

安没有采取任何行动，他一直在等待一个时机，那就是春天的到来。如果把莲花比喻为学生，本就是急于出成绩、毫无耐心的教师，静则是视野有局限、只看到表浅关系的教师，而安则是深知大道法则、静待花开的教师。循着规律，我们做此刻应该做的事情，等待一个时机，该发的芽自然会长出来。

种子的隐喻简化了我们所在的教育系统。事实上，在任何一个复杂的生命系统中，都没有简单的因果关系。对因和果的判断，教师还需要保持觉察，应追问自己：我的推断从何而来？我了解所有的事实吗？

几年前，我辅导洛阳的一些小学老师将系统思考运用于课堂教学。其中一位老师给我讲述了她自己的故事。这位老师性格直爽，对于没有完成作业的学生通常是一顿批评，如果连续不交作业，还要请家长到学校来谈话。她认为，除非生病，否则学生没有任何理由不完成作业，学生不完成作业是对教师权威的挑战。有一次，一位学生没有完成家庭作业，本来打算发作的她，突然意识到自己的推断太过草率，于是课后把这个学生留下来询问原因。这位学生说："我妈妈一个月前生了妹妹，前天满月，妈妈带妹妹去医院复查，结果路上出了车祸，妹妹……夭折了，我妈妈像疯了一样，我回家没有办法学习。"这位老师从那天起，每天辅导这位学生功课，让他完成作业后再回家。一个月后，学生的妈妈来到学校，感谢这位教师在她生命最艰难的日子里帮她照顾儿子。每次和其他人分享这个故事，我总是很感动，它让我看到了一旦教师愿意打开自己，去倾听，去理解，她就能够为生命的成长创造一个很大的空间。在这种开放的状态下，那些所谓的因和果会自然地浮现，教师需要做的就是带着觉察去了解事情本来的样子，带着觉察去行动。

"因和果往往不在同一个时空"的观念，也反映了这个世界的多样性。万物之间的连接不仅存在于表面，还存在于更深的层面。甚至可以说，那些非表面的连接，往往影响更加持久。例如，2019 年，澳大利亚爆发了持续 7 个月的森林大火，火灾的过火面积达到了 2400 万公顷至

4000 万公顷，相当于葡萄牙的国土面积。灾难造成至少 33 人遇难，约 30 亿只动物丧生或流离失所，其中包括 6 万只考拉。另有 2000 多处房屋被毁，数万居民被迫撤离。从表面上看，造成大火的原因主要是夏季炎热干旱，气温最高达到了 48.9 度，形成一触即发的易燃状态。普通的森林夏季火灾在澳大利亚很常见，但形成如此规模的火灾，必定有其深层次的原因。

澳大利亚是全球最大煤炭出口国，也是全球人均碳排放量最大的国家之一。2018 年莫里森担任总理后大力推动煤炭及油气的生产与出口，澳大利亚全国碳排放量持续快速攀升，被联合国气候峰会列为阻碍《巴黎气候协定》的国家之一。澳大利亚为全球气候变暖做出的"贡献"，在某种程度上以大火的方式"回馈"了自身。虽然我们不能完全确认是气候变暖直接导致了澳大利亚森林大火，但二者之间的确存在不可忽视的关系。

作为教师，需要引导学生去探究事物之间深层次的关系，如果教师在教学活动中只谈那些显而易见的、确定的因果关系，学生就会浮于表面地认识世界，也无法理解这个世界的动态性、复杂性，更重要的是，他们也只会用简单直接的方式去解决问题，这可能又会带来更糟糕的结果或更大的伤害。

将头脑、心灵、身体共同融入学习之中

笛卡尔的基本命题是"我思故我在"，而不是"我感故我在"，或者"我动故我在"。如果我们只通过我们的思想与他人联系，那么人类的对话就变成了严格理性的对话。身心健康研究的先驱詹姆斯·林奇（James Lynch）认为，如果笛卡尔的命题是成立的，那么"爱的感觉只

是一种不精确的想法；孤独与身体健康毫无关系……笛卡尔使人体与人类对话完全无关"。然而，林奇在研究精神和身体的关系时，发现人类对话的特点是：说话时心跳加快、血压升高，倾听时则心跳减慢、血压降低。这与以积极自我为基础的思维模式和倾听灵魂为基础的思维模式是一致的。在交谈中，我们常常试图说服、操纵对方或使对方与自己的观点保持一致。在倾听时，我们不太可能进行计划和操纵，而只是简单地与世界本来的样子联系起来。林奇进一步认为，现代高血压问题产生的主要原因之一是大量的人与他们的感觉和身体隔绝。

2021 年，一项发表在《皮质》杂志（Cortex）上的研究首次确定了大脑和内脏之间的联系强度与一个人对自己外表的感觉有关。研究参与者是一组健康的英国成年人，他们首先参加了四项身体形象评估，以衡量他们对身体的自我欣赏感、对身体功能的自我欣赏感、对身体的羞耻感和对体重的关注度。然后，研究人员测量了参与者的身体内部信号。我们并不会意识到这些来自心脏和肠道的信息，但神经系统会解释这些信号，并向大脑提供关于身体内部状态的信息。他们发现，在参与者中，大脑对肠道和心脏反应较弱的人，对身体的羞耻感和对体重的关注度较高。研究人员认为，这可能是因为当大脑与身体内部的联系较弱时，大脑会更重视外在的身体，因此外表在自我评价中变得更加重要。换句话说，当大脑和身体之间的连接越弱，我们就会越发关注外部对自己外表的评价，而这又容易进一步引发自我的脆弱感和焦虑。

神经科学家理查德·戴维森（Richard Davidson）也曾经做实验来证明身体与大脑的相互影响。在实验中，他和研究人员招募了一些女性，她们自愿接受注射肉毒杆菌的美容治疗，这些肉毒杆菌被专门注射到她们负责皱眉的肌肉中。在治疗前两周和治疗后的两周，研究人员分别向她们展示了含有情感内容的句子，并要求她们在理解句子后立即按下按钮。结果显示，接受肉毒杆菌治疗后，参与者理解描述负面情绪的句子的速度变慢了，但理解积极情绪的句子的速度却没有变慢。这表明，正如心理学家威廉·詹姆斯（William James）提出的那样，来自周边肌肉的反应确实会影响我们大脑处理情绪的能力——在这种情况下，不能皱眉会影响头脑处理负面语言的速度。

关于头脑、心灵和身体的相互关系，在伊斯兰教古老的苏菲体系里早有提到，它们被称为"脑心腹"三区。用现代语言来理解，"脑区"对应的是我们经常讲到的 IQ（智商），负责记忆、思维、分析、逻辑推理、语言等。"心区"对应的是我们经常讲到的 EQ（情商），负责感受、理解、表达、共情和调节情绪等。"腹区"对应的是 AQ（逆商），逆境智商指一个人的抗挫折能力，它多与直觉、力量、勇气和意志有关。这套理论认为，当三个区域整合一致时，人就可以开启超越理性的智慧。而我们生活中面临的纠结，很多时候缘于脑、心、腹之间失联了。头脑的理性告诉我们"应该做这个……"，我们内心的声音却在说"我想做那个……"，我们想要听从内心的声音，可是我们的腹区还会传递阵阵恐惧，害怕行动会带来各种可怕的后果。这种状态让我们没有办法在现实中做出有效的决策。

以还原论为基本思想的工业时代创造了两种现实，一种是机器本身，另一种是机械化的社会。过去 40 年，诸多心理学和脑科学的研究以及古老的智慧都在不断地向我们传递着信息：当今教育工作的重要任务之一，就是要将人类"被困在机器中的灵魂"释放出来，回到它本来应该在的地方，与它的身体团聚——头脑、心灵、身体不应该被分离。

这样的观念也促成了 SEL 课程的出现。社会情感学习（Social Emotional Learning，简称 SEL）起源于美国，是由被誉为"情商之父"的丹尼尔·戈尔曼（Daniel Goleman）和琳达·兰提尔瑞（Linda Lantieri）等人组建的国际性机构 CASEL（学术、社会和情感学习合作组织）于1994 年正式提出的。他们将 SEL 定义为：

孩子和成人通过学习并有效地运用必要的知识、态度和技能来理解和管理自己的情绪，制定并达成积极的目标，感知他人情绪并展现同理心，建立和维持积极的人际关系，并做出负责任的决定。

SEL 课程旨在培养五大核心能力：自我意识（Self-Awareness）、自我管理（Self-Management）、社会意识（Social Awareness）、人际关系技能（Relationship Skills）、负责任的决策（Responsible Decision-Making）。CASEL 的研究人员对 213 个 SEL 项目进行全面评估和分析之后认为，SEL 课程对学生的学习成绩起到了很大的促进作用。在参与 SEL 项目的学校，学生成绩平均提高了 11%，学生的不良行为平均减少了 24%，并且 63% 的学生明显表现出更积极的行为。

在我看来，SEL 课程最大的意义在于弥补了传统课程让学生仅运用头脑学习知识的局限性，将情绪智能和身体感受作为重要的学习资源纳入了学生的教育生活中，帮助学生能够以"完整的人"来体验所有的学习活动。

把头脑、心灵、身体联系起来，就是在寻求学习的整体性，但这并非简单的技术活儿，单凭参加一个培训是无法做到的。我们追求整体，但不追求完美。我们接受破碎和黑暗，重要的是，我们能够视破碎和黑暗为整体的一部分，而不是远离它们，清除它们。通过这些我们不喜欢的，我们才有机会真正了解生命的内在是如何连接的。身患 ALS（肌萎缩侧索硬化症，即渐冻症）的美国作家菲利普·西蒙斯（Philip Simmons）博士在他的书《学会坠落》（*Learning to Fall: The Blessings of an Imperfect Life*）中写道：

我们会经历各种各样的"坠落"，我们会被一个笑话迷住，我们会爱上某人，我们会坠入爱河。我们从哪里跌落？我们从自我中跌落，我们从我们精心构建的身份、我们的声誉、我们宝贵的自我中跌落。我们会因为野心、因为贪婪、因为理智而堕落，至少暂时会这样。我们陷入了什么？我们陷入了激情，陷入了恐惧，陷入了莫名其妙的快乐。我们陷入了谦卑，陷入了同情，陷入了空虚，与比我们更强大的力量融为一体，与我们意识到同样在坠落的其他人融为一体。最后，我们融入了神圣，融入了虔敬，融入了神秘，融入了我们更美好、更神圣的本性。

这样深深地"跌落""陷入"和"融入"是每一位教师都需要经历的练习。

帮助学生活出真实而完整的自我

加拿大多伦多大学的约翰·米勒（John Miller）教授是全人教育思潮的重要代表人物。在他提出的全人课程（Holistic Curriculum）概念里，非常清晰地表达了活出完整自我的意义。他认为，在教育中，我们首先要把学生看作"一个完整的人"，然后培育学生的整体意识。"完整的人"要协调生命的身体、智力、情感和精神层面之间的关系。"幸福不是整体教育的直接目标，而是当我们感到整体和连接时幸福就会出现。"[1]

"完整的人"来源于连接，来源于不分离。为此，学校的课程体系需要从谈论"是什么"的概念性知识，更多地转入"为什么"的关系性真实体验。让孩子们能够在教育生活中体验到自我、他人和世界三者间的相互连接。约翰·米勒认为未来课程的发展，关注的重点应该是关系，"线性思维和直觉之间的关系、精神和身体之间的关系、与我们的灵魂之间的关系、学科之间的关系、个人和团体之间的关系、与地球的

1　John Miller, Holistic Curriculum（3rd Edition）, University of Toronto Press, 2019.

关系。在课程中，学生要检查这些关系，既获得对这些关系的认识，又获得必要的技能，以便在适当的时候转换这些关系"。

"完整的人"意味着我们以真实的样子出现在这个世界上，而不是为了取悦他人而活着。所以，我们的生命是流动的、鲜活的，不是沉闷的、板结的。为此，我们需要帮助孩子摆脱恐惧。如果孩子在绘画的时候害怕画错，或者害怕无法达到老师或父母的期望，这只会让他增加自我的混乱，以至于无法下笔。而当他摆脱了恐惧，以真实的自我去绘画时，他便有了一种独立性，他不用操心什么技巧，他的创作冲动会造就他自身的绘画技巧——这才会孕育出伟大的艺术。

这听起来很简单，但它其实是一次深刻的革命。

因为在很多人的童年体验中，学习是一件危险的事情。我们既不能按照自己的节奏去学习，也不能按照自己的喜好去学习，既不能选择学习的伙伴，也不能选择学习的内容，而是手握权力的人提出了必须执行的标准让我们去达成。我们一旦偏离这个标准，他们就会用分数、成绩、等级等手段来让我们感到羞耻。在长达至少12年的学习中，我们学会了小心翼翼，把自我真实的想法和感受隐藏起来，有时候甚至感觉不到它们的存在。超个人心理学家约翰·威尔伍德（John Welwood）的话精炼地概括了这样的体验：在人类的经验里，最堵心的莫过于不让我们拥有自己的体验，而是不断地评判它，批评它，想让它不一样。

布琳·布朗教授在一次演讲中谈到，学习的状态本身很脆弱，就像你的教室里都是没有壳的乌龟。当学生们感觉到不安全的时候，他们就重新穿戴上了"壳"——学生将自己保护起来，不受同伴或老师的伤害，不受其他任何人的伤害。但是，这样一来，就没有学习发生，因为没有脆弱性就没有学习。

布琳教授对大量个案进行研究后发现，我们不想变得脆弱，因为脆弱是羞耻、匮乏、恐惧、焦虑、悲伤和失望的中心。然而，令人惊讶的是，脆弱不仅是这些情感的中心，也是爱、归属感和快乐的中心。没有脆弱，就没有爱，就没有归属感，就没有快乐。所以，当学生不敢面对那些脆弱的体验时，整个人就关闭了。从神经生物学的角度来看，羞耻感实际上是低年级学生的一种创伤经历。因为当你不被人喜欢时，你感觉到你所依赖的安全、养育、食物和住所会受到威胁。

为了帮助学生活出真实而完整的自我，教师必须找到一种方法来发展敢于袒露羞耻感的课堂，而不是打造一个消除羞耻感的课堂。布琳教授认为，在教室中，羞耻感只需要三样东西就能像野火一样蔓延开来：保密、沉默和评判。如果学生用这样的方式对待羞耻感，它将会失控。但是，如果你用共情浇灌羞耻感，你就创造了一个允许羞耻感存在的空间。简单来讲，共情就是"我也是这样"，它让学生知道自己不是孤独的。一旦我们有了一个空间去谈论自己的羞耻体验，羞耻感就不复存在了。

为此，教师需要在学生面前率先展示自己的真实的脆弱，也需要学会倾听和共情，只有学生们感觉到了安全，他们才会卸下"外壳"，展露自己的脆弱。这才是一个真正勇敢的教室——不是没有害怕，而是面对害怕，我们、教师和学生，都可以坦然与之相处。要实现这样的转变，并非去解决一个简单的技术问题，而是教育者自己首先需要活出真实完整的自我。我们内心是什么样子的，远比"我们要教给孩子什么"更重要。正如帕克·帕尔默所说："我们总是在按照我们是谁而教学。也就是说，我们教给学生的就是我们自己。"

每章十问

1. 我们每一个人都是完整的，只是有一些被隐藏起来了。当你愿意看见它们、接纳它们时，你就会变得更加完整。你曾经看见过自己隐藏起来的部分吗？

2. 完整的课堂是什么样的？你的课堂里缺少了什么？

3. 如果真我是太阳，是什么遮挡了阳光，让你看不到那个完整而真实的自我？

4. 你有哪些不允许自己发生的事？温柔地看见它们吧。

5. 如何保护学生的真实和完整？

6. 在课堂上皮一下，让学生们看看真实的自己，你愿意吗？

7. 你曾经关心过一个素不相识的人吗？如果没有，可以去试试看。

8. 从对学生一生的影响来看，教学的核心应该是什么？

9. 为了构建一个安全的、有勇气的课堂，你愿意去做哪些尝试？

10. 什么时候你感觉到自己的生命是鲜活而流动的？如何将这种状态持久地带入教育生活？

第五章

从症状到根本

真正重要的东西用眼睛无法看见，只有用心灵才能看见事物的本质。

——《小王子》

当下的局面

症状解与根本解

夏秋之际，每个晴朗的清晨和黄昏，在美国黄石国家公园东北部的拉马尔山谷谷底、东西走向的公路两旁斜坡上，总有众多慕名而来一睹狼踪的游客。他们满脸期冀，用高倍运动望远镜向着南方谷地尽头处山脚的草地和灌木丛眺望搜寻。他们身前有如大炮般的望远镜筒一字排开，形成一道奇特的风景线。这在十几年前还是不可能发生的一幕。

这个故事要从 100 年前说起。那时候，人们希望把所有的狼都杀光。原因有很多：狼会把农场里的牛羊杀死，农场主因此恨透了狼；而黄石公园的游客们希望看到更多的驼鹿和麋鹿，这些动物也常常被狼捕杀；同时，人们还认为狼会吃人。基于上述原因，整个北美开始消灭狼群。1926 年，黄石公园里的最后一只狼被杀死。狼群从黄石公园消失后，一系列的怪现象发生了：柳树和白杨树开始陆续死亡；鸟类不再在公园中筑巢；河狸离开了公园里的栖息地，寻找新的家园；越来越多的野生动物消失了。为什么会这样？狼的消失和树的死亡有什么关系？

狼的消亡之所以与树木死亡有关，是因为狼会捕食驼鹿和麋鹿。当狼不再出现时，驼鹿和麋鹿就会放松警惕，它们沿着开阔的河床漫步，肆无忌惮地吃着柳树和白杨树，它们吃得太多，先把叶子吃光，然后把幼嫩的枝丫也吃了，最后把地里刚刚长出来的树苗也啃没了。它们把所有的食物都吃光了，甚至把第二年的食物也吃光了。柳树数量减少导致河岸经不起冲刷而坍塌，河道变直，水流的速度越来越快。同时，由于缺乏足够多的树枝，河狸无法在河中筑坝安家，不适宜的生态环境让它们逐渐在此地消失。没有河狸筑坝，水流速度变得更加湍急，这严重影响到了柳树的生存。湍急的水流不断侵蚀着两边的堤岸，不久，河流的水位就降到了河边柳树的根部以下。如果柳树的根系难以到达地下水，柳树就难以存活，即使存活下来，高度也无法超过1.83米（6英尺）。这一高度标准很重要，因为只有柳树超过这一高度，麋鹿才无法够到柳树的种子，柳树才能继续繁殖。

直到这个时候，公园管理者和生物学家才意识到，狼群对于黄石公园非常重要。当狼群存在的时候，驼鹿和麋鹿非常机警，它们不得不将自己的活动区域转移到更高的山地，远离开阔的河床。1995年，一个寒冷冬日的早晨，第一批野狼被放回到了黄石公园。一段时间之后，柳树长高了。1995年秋到1997年，31只从加拿大捕获的灰狼以及10只来自蒙大拿冰川国家公园的幼狼戴着无线电跟踪脖圈，被陆续放归黄石国家公园野外。黄石公园的生态得以缓慢恢复。

说完了黄石公园的狼，我们切入正题，谈一谈什么是症状解，什么是根本解。彼得·圣吉把解决问题的方案分为"根本解"和"症状解"，其中，症状解能迅速消除问题的症状，但只有暂时的作用，并且长期使用症状解，往往使问题更难得到根本解决。在前面的故事中，为了满足游客观赏麋鹿的需求和保护人畜的安全，最直接的症状解方案就是灭狼。虽然在短期内看似解决了问题，然而，随着狼群的消失，整个黄石公园的生态环境也遭到极大的破坏。那么，更好的解决方法是什么呢？根本解是从问题的根源着手来解决问题，从系统的视角找到杠杆点发力。但是，根本解通常需要更长的时间来产生效果。当人们对根本解没有信心或者情况过于危急时，依然会先求助于症状解。

那么，拯救生态恶化的黄石公园，什么是它的根本解呢？或许有人会说将狼群重新引进黄石公园不就是根本解吗？其实这也只是新问题的症状解而已。问题没有那么简单。从 1926 年黄石地区最后一只野狼被杀死，到 1995 年重新引进野狼，在 70 年的时间里难道没有人提出过让野狼重回黄石公园的建议吗？事实上，黄石公园当初之所以会决定开展灭狼行动，是因为当时黄石国家公园的定位是较单一的景观保护和休闲娱乐，自然要把满足游客的观赏需求放在最重要的位置。正是在这样的定位下，才有了灭狼的决策。因此，黄石公园生态危机真正的根本解是对黄石公园进行重新定位，并基于新的定位对黄石公园的管理方式做出重大调整。

在 20 世纪 70~90 年代，黄石国家公园管理处及相关部门进行了一系列改革。首先是与 20 世纪 60 年代以来声势急剧扩大的社会环保团体合作，推动联邦政府进行环境立法，例如 20 世纪 70 年代通过了《濒危物种法案》，并且加强环保宣传，尤其注意从根源入手，通过面向家庭，特别是儿童和青少年的各种宣传教育活动进行自律教育，宣传生态保护的重要性，提高全社会的认同与支持；其次，通过科学地分区规划和科研介入，使专家和学者成为黄石国家公园生态修复和保护的核心力量，积极促进生态状况评估制度化，使其逐渐由消极的看护式景观保护向深层次研究型生态保护转变；再次，面对二战后商业开发和旅游业发展带来的压力，黄石国家公园实行客流控制，减轻游客带来的生态及管理层面的压力，完善许可证制度，使商业服务和保障运行规范化；最后，通过吸引更多的社会关注和更多的社会支持，多渠道拓宽资金和人员来源，解决经费和人员难题。

经过这一系列的改革，黄石国家公园终于从原来的单一功能定位转变为生态保护、环境教育、科研管理、旅游开发等多功能定位，形成国家公园的多功能平台，这才从根本上解决了曾经出现的生态危机问题。

根本解通常是一条更艰难的路，需要耗费更长时间，付出更多努力，需要我们更具耐心、勇气、坚定的信念，以及系统的智慧。然而，在当今的世界，当大多数人选择症状解的时候，选择根本解就变得更加困难。

充满副作用的世界

症状解是一条更容易的路，但它往往会带来各种程度的副作用。这个"副作用"与医疗上的副作用不大相同。在我小的时候，每当我嗓子发炎，家里人就让我吃螺旋霉素——一种治疗呼吸道感染的消炎药。使用说明上写着偶尔会有胃肠反应，如恶心、呕吐、食欲不振、便稀、腹泻。这是医疗上的副作用。我还记得在刚开始服用螺旋霉素时，效果很好，国产小剂量的片剂，只要吃两天就能让我的嗓子不疼了。那几年我的嗓子经常发炎，我慢慢地发现，国产小剂量的螺旋霉素已经不管用了，家里人又买了进口大剂量的药给我服用。过了一阵子我又发现，标准用量效果没那么好了，只好加大服用量。

我要解决的问题是嗓子经常发炎，症状解是吃消炎药，根本解是对身体进行调理并注意饮食和锻炼。但是因为消炎药很快就能解决问题，让我没有动力去调理身体，与此同时，身体有了更大的抗药性和对消炎药的依赖性，身体的自愈能力下降。这是症状解带来的副作用。长期使用症状解，对所处的系统有着很大的破坏性。

我们生活在一个充满各种各样的副作用的世界里，它最大的影响就是消减了我们探索根本解的动力，甚至对我们探索根本解产生巨大的阻碍作用。复兴欧洲的"马歇尔计划"就是一个经典的案例。

第二次世界大战后的欧洲经济遭遇重创，濒临崩溃，失业率居高不下，交通要道几乎被破坏殆尽，物资根本无法流通，食品短缺成为普遍现象。加上1946~1947年欧洲西北部罕见的寒冬，又使这一情况进一步恶化。欧洲很多国家出现了饥荒，人民生活艰难。这些问题的解决都需要耗费大量财力，而此时大多数陷入战争的国家的国库已被消耗殆尽。1948年4月3日，美国总统杜鲁门签署了马歇尔计划，至1951年，美国支援了欧洲相当于130亿美元的资金，帮助西欧摆脱了战后初期的财政拮据及物资紧缺的局面，减少了人们对于政府的不满，稳定了政治局势，加速了经济复苏。

美国的援助解决了欧洲的燃眉之急，算是一个症状解，但也产生了比较严重的副作用。要知道，这笔资金并不是白拿的，还有不少条件：受援国必须购置一定数量的美国产品，尽快撤除关税壁垒，取消或放松外汇限制，使用美元要受美国监督，设立由美国控制的对等基金，保障美国私人投资和开发的权利，消减同社会主义国家的贸易，放弃"国有化"计划……这一系列的约束使得欧洲在政治和经济上逐渐成为美国的依附者。尽管一些国家（如法国）的政权起初投向美国阵营的行为引起了该国共产党的强烈不满，不过当随后到来的马歇尔计划实施并显现出作用之后，西欧的共产党阵营便迅速衰弱，其影响力已经不可与先前相比。由马歇尔计划催生的美国和西欧之间的贸易关系也推进和巩固了北约的发展。

除了马歇尔计划之外，战后的欧洲也没有更好的选择，虽然有很大的"副作用"，但也只能选择接受美国的援助。从20世纪60年代欧洲成立欧共体开始，欧洲国家一直在寻求独立，减少对于美国的依赖。在这方面，德国前总理默克尔一直在努力，她在任期内做了两件重要的事，一是中欧双边投资协定谈判的成功，打开了中国市场，为欧洲的发展提供了新的可能，二是与俄罗斯确定了"北溪二号"项目合作，让欧洲摆脱美国后不至于孤立无援。然而新总理朔尔茨上任后，叫停了"北溪二号"项目，向乌克兰提供致命性武器，向俄罗斯关闭领空，支持将俄罗斯踢出 SWIFT 国际结算系统。显然，朔尔茨带领的德国极有可能让前总理默克尔的努力付之东流。

在生活中，症状解的"副作用"现象也比比皆是。

很多人希望能通过减肥恢复苗条的身材。很多企业通过电视和网络宣传服用某种"灵丹妙药"可以让人们在不运动的情况下变瘦。由于服用药物不需要大量的运动，于是人们开始采用这种方式来控制体重。它产生的副作用是，为了保持苗条，你需要不断地服用药片，从而导致其他并发症。而根本解是，养成健康的生活习惯和坚持合理的运动。

如果学生每次做乘除法的时候都使用计算器，那么久而久之，每当遇到一个略微复杂些的数学计算，学生就都会想要用计算器来得到答案。长期使用计算器，让学生的大脑习惯了只进行简单计算。而根本解可能是结合脑科学，与学生开放地讨论使用计算器和不使用计算器各自的利弊，让学生意识到用大脑进行复杂数学计算的意义。

如果教师长期要求学生用死记硬背的方式学习，表面上看，学生可能记住了一些知识点，能够解决一些比较典型的问题，但副作用是，学生因为枯燥乏味的学习方式而丧失学习动力、兴趣减退。学生失去在学习中自主探索的兴趣，会进一步导致教师继续用死记硬背的方式教学。对此，根本解可能是以兴趣为导向，激发学生的好奇心与学习热情，以此作为桥梁引导学习自然地发生。

如果学校总是以评选骨干教师、提高工资待遇、公开表扬、建立名师工作室这样的方式来激励教师，虽然会有很多老师积极参与，但也会产生较大的副作用，那就是学校的激励方式让老师们把努力的意义放在了获得外在的事物上。这样一来，那些短期内得不到外在回报的努力就被搁置了。同样被搁置或忽略的，还有老师们发自内心对教育工作的热爱。

如果你在餐厅里仔细观察，就会发现很多小孩子在吃饭的时候用手机看短视频或动画片，而一旁的父母却在享受美食和聊天。小孩子不能安安静静地吃饭往往是天性使然，而父母对此采用的症状解的确给了自己一个安静吃饭的空间，却让孩子依赖上了手机视频的刺激。一次，我看到当父母收回手机的时候，孩子哇哇大哭，而当父母无奈地再给回手机时，孩子立即停止了哭泣，双眼紧盯屏幕，露出心满意足的笑容，而那个坐在婴儿车里的孩子，看样子还不到两岁。显然，父母行为产生的副作用已经"反噬"了他们自己。

在知识付费领域，各种大师课的广告词极具吸引力，它们大多会通过引发焦虑的方式让人们下单购买。很多人因为购买了课程而停止了焦虑，然而真正展开学习的人少之又少。因此形成了这样一种模式：当人们产生知识焦虑的时候，他们会去购买各种课程，尽管明明知道自己不会学完。这些人购买课程的目的已经不是去学习，而是通过下单行为消除自己的焦虑感，仿佛下单键长在了自己的多巴胺上。而因为消除了焦虑感，人们学习知识和提升自己的动力也就没有那么强了。

很多人有过这样的体验：如果你是一名职场资深人士，经验丰富，每当公司遇到某方面的难题时，你的老板都会请你出面解决问题。最终，你的老板会一直找你，因为你是唯一一个有能力解决这类问题的人。而老板因为有你的存在，也不用培养更多的人才去解决这类问题，更重要的是，因为问题一直能够得到解决，所以老板也不用花精力去研究如何避免这类问题不断出现。

症状解产生的副作用的危害，甚至可以影响到整个国家。位于阿拉伯半岛西南端的也门，与沙特和阿曼相邻，可是奇怪的是，与周边富得流油的邻邦不同，也门被认为是和索马里、埃塞俄比亚一样贫穷的国家。2023年，也门的人均GDP仅541美元（来自国际货币基金组织IMF的数据统计）。究其原因，与一株小草——恰特草有关。恰特草是一种被世界卫生组织认定的成瘾性毒品，服用它的人在短时间内就会感觉自己精力充沛、自信心爆棚、无所不能，同时它还能缓解服用者产生的生理上的饥饿和疲劳感。长期使用恰特草的人一旦停止服用，整个人就会因为缺乏分泌多巴胺而突然感到一阵急剧的失落，失去做任何事情的动力。

早期恰特草只是被也门的上流社会作为高档奢侈品使用，可随着种植面积的不断扩大，恰特草的成本不断下降，吸食这类毒品的人也在逐渐增加。在20世纪90年代海湾战争后，支持伊拉克的也门受到经济制裁，由于其经济结构单一且高度依赖外部资金，经济危机爆发，货币大幅贬值，粮食价格暴涨，物资短缺，公共服务瘫痪，失业率飙升至35%，短期内产生大量赤贫人口。恰逢南北也门统一不久，内部政治斗争不断，政府也无力去治理经济危机。在整个社会行将崩溃之时，恰特草成了人们解除烦恼、暂时忘掉现实痛苦的捷径。咀嚼上一捆恰特草可以让大脑一下子释放出足够的多巴胺，暂时忘掉忧愁。自此以后，恰特草的滥用在也门一发不可收拾，男女老少、社会名流、中产阶级、底层穷人都对这款毒品趋之若鹜、如痴如醉，恰特草开始崛起成为也门的国民级食品。

吸食恰特草既可以从精神上麻醉生活失意、容易铤而走险的民众，也可以让也门政府从中汲取大量税收，增加就业，稳定治安。无论怎么看，自顾不暇的政府都认为这是一笔再划算不过的买卖。然而，这种毒品对也门社会的伤害随着时间的流逝而悄然显现。

最显著的影响是也门的农业生产遭受到严重打击。也门全国土地贫瘠，恰特草的种植却挤占了全国超过八成的肥沃土地，全国80%的农业用水也被用于恰特草种植，加剧了也门农业粮食生产不足的窘境。粮食自给率不足 30%，迫使也门花费宝贵的外汇进口粮食，但仍然有巨大缺口。根据联合国人道主义事务协调厅统计，2024 年，也门 3000 万人口中有 1760 万人面临严重饥荒。

恰特草的副作用还体现在多个方面：许多人把家庭收入的约 1/3 用于消费恰特草，储蓄率极低，导致也门国内投资匮乏，工业项目难以融资；农民因恰特草利润较高而放弃种植传统经济作物（咖啡、棉花），导致农业出口能力衰退，削弱外汇收入来源；许多人的家庭收入被恰特草挤占，导致儿童辍学率上升，劳动力素质难以提升，形成"低技能—低产出"陷阱。

临时的措施或症状的短期消除会让人上瘾，但这并不能一劳永逸地解决问题，它们只是一种消遣。接下来我们就一起来探索，人们为什么会一而再、再而三地陷入症状解之中。

我们为何会陷入症状解

割裂的世界观

俄乌冲突、火山爆发、校园枪击、种族灭绝、气候变暖、环境污染……对于大多数人而言，这些都是我们茶余饭后聊天的内容，我们高谈阔论，提出各种建议，贬低各方决策者……除非身处其中或深受其害，否则它们不会引发我们任何的行动，我们依然安心地过着自己的小日子。

你可能会说，那些事情的确距离自己很远，想管也管不了。那我们来看另外一个例子，它距离我们很近。自 19 世纪 70 年代至今，牛仔服已经诞生了 150 年，至今仍然是很多年轻人衣橱里不可或缺的单品。但你知道吗，从种植棉花到染色再到清洗成品，生产一条蓝色牛仔裤需要消耗大量的水。美国李维斯牛仔裤对其制作的型号为 501 的牛仔裤所需水资源进行了一次评估，结果发现，从棉田种植到染色再到消费者水洗，一条牛仔裤的整个生命周期居然需要耗费 3781 升水，如果按成年人每天需摄入 2 升饮用水来计算，一条牛仔裤的耗水量足以满足一个成年人五年的饮水量。根据联合国环境规划署在 2019 年的研究数据，每年时装业需要消耗 930 亿立方米的水，足以满足 500 万人的饮水需求。全球约 20% 的废水来自织物染色和处理，而牛仔裤就是造成废水排放量最大的一件时尚单品。

当你了解了这些之后，你会停止购买蓝色牛仔裤吗？根据 Grand View Research 在 2018 年做出的预测，2019 年至 2025 年，全球牛仔裤市场将以 6.81% 的复合年均增长率（CAGR）增长。到 2026 年，全球牛仔裤市场规模将从 2018 年的 642 亿美元增加到 761 亿美元。可见，人们对牛仔裤的需求不减反升。尽管全球各类组织对牛仔裤制作过程会造成严重污染的情况有大量报道，但并没有让大多数人改变自己的选择。

再谈一个与我们生活息息相关的事实。2006 年 11 月 29 日，联合国粮食及农业组织（FAO）公布了一份长达 400 页的题为《牲畜的巨大阴影：环境问题与选择》的报告[1]。报告揭示了一个惊人事实：畜牧业是造成气候变暖的头号因素。报告指出，"无论是从地方还是全球的角度而言，畜牧业都是造成严重环境危机前三名的最主要的元凶之一"。

二氧化碳在大气中会持续百年以上，畜牧业的排放量占总排放量的 9%。甲烷的温室效应是二氧化碳的 72 倍，畜牧业的排放占比 37%。氧

---

[1] Livestock's Long Shadow: environmental issues and options, Food And Agriculture Organization of the United Nations, 2006.

化亚氮的温室效应是二氧化碳的 296 倍，畜牧业的排放占比 65%。畜牧业产生的温室气体以二氧化碳当量计算，占二氧化碳排放总量的 18%，已经超过了交通运输业。

2013 年，FAO 又发表了一份题为《通过畜牧业应对气候变化》的报告[1]，报告指出，畜牧业每年排放的甲烷量相当于 1.44 亿吨石油，足够为整个南美洲供电。畜牧业所排放的温室气体中，有 45% 是在生产和加工饲料的过程中产生的，有 39% 来自动物排出的气体，10% 来自粪肥腐解，剩余部分来自动物产品的加工和运输。在畜牧业的碳排放中，排名第一位的就是养牛，它贡献了畜牧业温室气体排放总量的 65%。每头牛一年的温室气体排放量，相当于一辆汽车行驶 7 万公里的排放量。

问题来了，你会因为养牛与温室效应有巨大关系而停止吃牛肉吗？

这个世界的复杂性和系统的时滞性，使我们看不到也看不清自己的行为对整个系统的影响。俄罗斯西伯利亚暴发的炭疽热是因为温室效应导致永久冻土融化，释放出了封存在冻土中的炭疽孢子。500 年前美洲印第安人的大规模死亡，主要原因并不是欧洲人用枪炮屠杀了他们，而是欧洲人带去的病菌在几十年间几乎让他们灭绝。人类对系统的无知与无视让我们陷入一种时空上"只见树木，不见森林"的割裂的世界观中——只要我的行为看上去不伤害自己、他人和国家，我的行为就是合理的、正确的、可以被接受的。而在霸权主义者的眼中，这个世界观被升级为"哪怕这个行为或决策有可能损害其他国家的利益，只要能让本国或手中的政权受益，也是可以接受的"。不得不说，这是一种狭隘的、短期的、线性的世界观。

在复杂的系统中，一些行为导致的糟糕结果往往不会立刻显现，因此我们就不必对糟糕的结果承担责任。这句话听起来很可笑，但我们就

1　Tackling Climate Change Through Livestock, FAO, 2013.

是这么想的，也是这么做的。我们不仅如此割裂地对待外部世界，我们也如此对待自我。虽然高添加剂食品、快餐有损健康，但只要吃的时候感到满足，那我们就还是要下单下单下单；虽然银行卡的分期账单数字已经高得惊人，但只要还有额度，我们依然忍不住在直播间买买买；虽然工作强度已经很高很饱和，但只要能赢得老板的夸赞，我们仍然不会拒绝老板提出的任何加班要求；虽然腰椎间盘突出让自己的老腰疼痛难忍，但只要小孙子走不动了，自己一定会尽量背着抱着……以局部的、短期的、线性的视野追逐暂时的享乐或胜利，必定会在系统中引发更大的动荡、崩溃或灾难。

2016 年，美国国家地理频道推出了一档半剧集半纪录片性质的节目《火星时代》，它描述了 2033 年人类登上火星的历程。《火星时代》最让我震撼的不是它精良的制作或扣人心弦的剧情，也不是它反映出来的人类探索宇宙的精神，而是人类虽然身处火星，可解决问题的模式仍然与在地球上完全一样——我要得到我想得到的一切，而环境、气候和人类长期的愿景，统统与我无关。这是让人悲哀的。即使我们探索一个全新的天地，无论是海洋深处，还是宇宙太空，如果我们的心智模式不发生改变，我们仍然会用固有的方式去解决新出现的问题，依然会割裂地对待彼此。《火星时代》更像是一部映射未来的纪录片，虽然它讲述的是十几年之后的事情（2016 年起算），但反映出的问题与当下无异。

震撼之余，我们也不必对人类失去信心，因为人类自身就是不确定性产生的核心源头。换一个角度看，我们也是一切可能性的创造者。没错，想到一代又一代的孩子将降生在这个世界，我们就有理由相信未来能够被他们重塑。心向远方，我们就还有机会。问题是，我们不能把希望完全都寄托于未来。当下，我们自己要如何转变？人们已经开始意识到这一点，并做出了一些努力，但遗憾的是，当下的教育仍然没有为培养心智完整、追求长期价值、多元视角的公民提供足够的空间。

即时满足的社会

还记得这样的场景吗？

一块机械手表可以用十几年，甚至传给下一代；只有过年的时候父母才会给自己和孩子买几件新衣服，也只有过年，父母才会带回一只烤鸡；想看书，需要等到周末去书店仔细挑选后才会付款；想看新闻，需要等到下班时到报摊上买一份晚报；想听一首喜欢的流行歌曲，你只能祈祷电台刚巧播放它；一年最多也就在电影院里看两三部电影；拍全家合影需要约好了日子，梳洗打扮一番，一起到照相馆里才能完成，并且需要隔个三五天才能取到冲洗出来的照片；经常看见有人追着公交车跑，因为错过这班，又要等 30 分钟；异地的恋人们只能靠寄信联络，相思之情在两地间要耗费几周才能走个来回；大多数人，一生只换一两次工作，一生也只有一两个目标。这是三四十年前的日常生活，仅仅几十年的时间，那个时代便一去不复返，这些场景距离刚工作的年轻教师们很遥远。

在商品的生产者或销售者看来，消费一件商品总是需要花费时间的，就像我们过去的生活，一切的节奏都是慢的。然而，这却是消费社会的桎梏。商人和经济学家都意识到，没有持久的消费，就没有持久的生产，就没有持久的利润，更没有持久的劳动力供给。因此，需要让人人都成为理想的消费者。有了消费，才有了工作的正当理由，才有了持久的生产和利润。齐格蒙特·鲍曼在《工作、消费主义和新穷人》中为我们刻画出理想的消费者，"为了打破桎梏，消费者的需求应该立刻得到满足，没有延时，不需要旷日持久的技能学习和准备。如果欲望不用等待就能充分满足，消费者的消费力可能会远远超越所有先天、后天需求的限制，或超越消费品物理耐久性的限制……而一旦消费行为完成，这种满足感就应该尽可能快地消失或被新的欲望替代。如果消费者无法对任何目标保持长期关注，如果他们没有耐心、焦躁、冲动，尤其是容易激动，又同样容易失去兴趣"，这就是"最理想"的消费者。

齐格蒙特在 20 年前为我们描绘的理想消费者，如今正一步步成为现实——我们生活在即时满足的社会中。即时满足意味着"我想要，我现在就想要"。这是一种想要立即得到东西的冲动。这种对即时满足的需求被认为深深嵌入了我们的潜意识。当人类生活在洞穴里抵御捕食者时，它曾经是一种非常重要的生存策略。在史前人类的环境中，食物的供应是不确定的。和其他动物一样，为了生存和繁衍，原始人类有强烈的倾向去抓住较小的、确定的、即时的奖励，而跳过较大的、不确定的、延迟的奖励。从进化的角度来看，我们的本能就是抓住手边的奖励，而抵制这种本能是很难的。

数字时代的到来，让我们对这种获得即时奖励的诱惑更加难以抵御。智能手机、平板电脑、电脑甚至手表都被设定为可以随时为我们提供信息、娱乐和交流的桥梁。在这些设备上面，商人们开始缔造即时满足的世界。只要轻触一个按钮，就可以看到无穷无尽的短视频，让自己远离当下的压力和烦恼；只要发个朋友圈，你就会得到很多"点赞"和评论；只要下个单，马上就能吃到心心念念的美食；线上无穷无尽的货物，今天下单，今天就到；没钱买车？没关系，零首付也可以开回家……

当我们不断追求快速获得奖励的解决方法时，大脑中的多巴胺会在我们真正体验到任何奖励之前就开始激增，而与多巴胺一起释放的相关的渴望也会更早地刺激我们。所以现在，只要看到美景你就想拍照发朋友圈，是因为期待得到"点赞"，以及获得由此而来的满足感，而非打算创造一幅伟大的摄影作品；在家里，只要看到手机，你就想拿起来刷一刷短视频，是因为期待搞笑或刺激的内容让自己的压力或无聊感减少，而忘记了如何与家人在谈心中度过温暖的夜晚。

齐格蒙特把这样的生活状态描述为"他们的生活从吸引到吸引，从诱惑到诱惑，从吞下一个诱饵到寻找另一个诱饵，每一个新的吸引、诱惑和诱饵都不尽相同，似乎比之前的更加诱人。他们生活于这种轮回，就像他们的先辈，那些生产者，生活于一个传送带和下一个传送带之间"。工业时代，我们"制造"出大批的生产者，而在此刻，我们又开始"制造"出大批的消费者。

从更大的角度来看，我们越看重眼前的、短期的、表面的满足，就越有可能在更长期、更有意义、更加根本的目标上分心。我们不停地查看社交账号，或者观看流媒体平台上的自动播放内容，让我们很难专注地付出持续的努力，去创造长期的成功和幸福，以及去解决那些根深蒂固的问题。

世界上许多富有和成功的人必须非常努力地工作很长一段时间，才能获得他们所拥有的成就。如果他们让即时的满足控制了思想，那么可能永远都无法获得他们所拥有的成功。即使是世界上最成功的企业家、音乐家和演员也不得不忍受大量的拒绝、失败和批评。任何追求立竿见影效果的人，都永远不会在不得不面对的挫折中取得成功。

这些即时满足不会带给人们真正的幸福。相反，它们会蒙蔽我们的双眼，让我们无法发现让生活丰富而有意义的真正原因。我们需要将目标重新聚焦在真正重要和值得长久努力的事情上。

失控的大脑

20 世纪 60 年代末和 70 年代初，人格与社会心理学家沃尔特·米歇尔（Walter Mischel）对自我控制和延迟满足进行了深入的研究，即著名的"棉花糖实验"。实验邀请了来自斯坦福大学社区的一组学龄前儿童，他们被安排在一个面前放着棉花糖的房间里。研究人员告诉孩子们自己将离开房间，并给孩子们两个选择：如果他们在研究人员回来之前不吃棉花糖，他们就会得到更多的棉花糖；如果他们等不及了，可以摇铃让研究人员回来，但他们不会得到额外的棉花糖。在这个实验中，儿童表现出了各种各样的延迟行为。研究人员记录了孩子们在吃棉花糖之前可以等待的秒数。据报道，那些展现出延迟满足能力的孩子在 15 岁时表现出了更高的学业成就。

在"棉花糖实验"之后，心理学和脑科学家对延迟满足的机制又做了深入的研究。耶鲁大学、哈佛大学、普林斯顿大学的研究者们不约而同地都进行着类似的实验，他们向健康的成年人展示了各种各样的场景，所有的场景都与用未来更大的经济回报换取今天较小的经济回报有关。例如，参与者被问及他们是否愿意用现在的 2000 美元兑换 8 年后的 4 万美元。在实验过程中，参与者接受了功能性磁共振成像（fMRI）扫描。多个实验均发现，那些愿意选择延迟满足的参与者的前额叶皮质最为活跃。

我们都知道，前额叶皮质是整个人的控制中枢，负责注意力、判断力、决策能力、洞察力、计划能力、回忆能力等高级认知功能。前额叶皮质是大脑中较晚进化出来的部位，它甚至对暂时性、日常性的焦虑和担忧都很敏感。前额叶皮质的功能是通过一种锥体细胞组成的庞大内部网络来实现的。这种神经元还会与控制情绪、欲望和日常习惯这些距离相对较远的大脑区域相连。当我们平时比较放松时，上述网络里的神经回路会正常运行，能够调控我们的基本情绪和冲动。马萨诸塞大学医学院和精神病学研究中心的主任贾德森博士把这称为"认知控制"，即前额叶皮质在尽最大的努力去帮助我们控制自己的行为，帮助我们戒烟，帮助我们戒掉吃第二块、第三块、第四块曲奇饼。

美国神经科学家辛哈（Rajita Sinha）和医学及心理学学者马绪尔（Carolyn M. Mazure）发现，每当压力增大时，即便是神经化学环境发生细微变化，也会阻碍前额叶皮质中神经网络的信号传输。[1]一旦面对压力，大脑中就会充满让人兴奋的激素，比如去甲肾上腺素和多巴胺。前额叶皮质中，这类化学物质的增加会弱化神经元间的连接点——突触的功能，使神经元不能正常放电。于是，神经网络就变得不那么活跃，我们调节自身行为的能力就开始减弱。这个时候，大脑将思维和情感的控制权从前额叶皮质转移到了比较原始的区域。一旦这些比较古老的区域接管了控制权，我们就会发现自己处于深度焦虑的状态，会做出一些本不该做的事，比如沉溺于食物、酒精、毒品、网络，或是在各类商店里疯狂扫货。这时大脑中与情感相关的部分战胜了抽象推理的部分。简单地说，我们的大脑失控了。当大脑处于失控的状态下，我们不会去追求那些长期而持久的根本解，而是会满足于立刻就得到好处——逃离那些不舒服的感受。

不幸的是，我们身处在一个高焦虑感、高压力感的时代。Know-Yourself（知我）在 2019 年发布了《当代青年焦虑报告》，报告调研了中国 3 万余名年轻人，其中有 59.94% 的人自我报告焦虑水平为高，33.24% 的人自我报告焦虑水平为中等。也就是说，绝大多数的中国年轻人都有显著的焦虑感，这些焦虑感主要缘于工作、事业、经济收入的压力和生活、爱情、学业、个人发展的不如意。在 2020 年疫情暴发之后，人们的压力感与焦虑程度还在上升。2021 年《柳叶刀》上的一篇系统综述收集了世界上各个国家和地区自 2020 年 1 月至 2021 年 1 月心理疾病患者的相关数据。该研究发现，2020 年疫情导致焦虑症患病人数增加了约 0.76 亿，增加幅度约 25.6% 。疫情结束后，患心理疾病的人数还在增加。据 2024 年世界卫生组织公布的数据，目前全球有近 10 亿人

1　Carolyn M. Mazure, Rajita Sinha, Everyday Stress Can Shut Down the Brain's Chief Command Center, Scientific American, 2012.

患有各类精神障碍方面的疾病。根据 WHO 的预测，到 2030 年，抑郁症将成为全球发病率和死亡率最高的疾病。

高压力感和高焦虑感让前额叶皮质一再失去掌控权。近期《国际精神病学》杂志发表了一篇研究文章，据分析，新冠疫情期间，美国超过一半的成年人有网络成瘾风险或已经陷入重度网瘾。根据日本电信运营商 KDDI 的数据，疫情影响导致人们更多地使用智能手机，人们沉迷于游戏和对网络依赖的倾向上升了 1.5 倍以上。

现代商业提供的"即时满足服务"也在进一步强化大脑的非理性回路，让现代人的大脑进一步失控。过去，当我们情绪低落或倍感压力的时候，我们能做什么？减压的消遣要等到下班之后，看电影只能等到周末，吃零食也需要走到超市去购买……我们除了与这种感受相处一阵子，也没有什么好的方法。但如今即时满足让这一切发生了变化，我们可以打开手机刷一会儿短视频或打一会儿游戏，也可以点一个熔岩蛋糕或在网上买一件心仪已久的物品……每一次我们这样做，我们都会向大脑传递一个信息：非理性回路与快乐有关。慢慢地，我们的大脑对这种短暂的美好变得渴望起来，无论是否有压力，我们都想刷手机、打游戏、买买买……我们希望通过这些动作获得大剂量的多巴胺体验，于是，我们自拍上瘾、修图上瘾、博取点赞上瘾、分心上瘾、购物上瘾、吃东西上瘾、报班上瘾、对爱上瘾、内卷上瘾……在这个上瘾的过程中，大脑前额叶皮质的防线节节败退，大脑中比较古老的区域一次次地赢得掌控权。来自神经心理学和脑科学的研究表明，成瘾行为会引发大脑前额叶功能退化，脑前额叶灰质和白质的改变会使成瘾者控制冲动的能力和预知后果的能力减弱，这也被称为"意志侵蚀"。

大多数关于延迟满足的研究专注于识别那些可能破坏持久性的认知机制，而不考虑人们心理上对时间的预期和对结果的预期。宾夕法尼亚大学的神经科学家约瑟夫·卡布尔（Joseph W. Kable）和约瑟夫·麦奎尔（Joseph T. McGuire）在《认知》杂志上发表的一篇文章中指出，在日益复杂的世界里，我们对未来回报的不确定性使得延迟满足成为一种挑战。[1]他们解释说："现实世界事件发生的时间并不总是如此可以预测。""人们总是要在时间和结果不确定的情形下进行决策，例如等待公共汽车、选择工作机会、是否坚持减肥等。"换句话说，我们不知道这些事情的长期回报何时会到来，甚至不知道它们是否会到来。在这样的情形下，人们就更倾向于把决策的重点放在获得短期的收益上。

在米歇尔著名实验的基础上，罗切斯特大学认知科学专业的学生塞莱斯特·基德（Celeste Kidd）再一次重复了"棉花糖实验"。这个实验和米歇尔的实验本质上是一样的，但是在实验中，对那些选择延迟满足的孩子中的一半，研究人员没有遵守提供更多食物的承诺，而是只给孩子们道了歉。当他们进行第二轮实验时，大多数在第一轮实验中得到承诺奖励的孩子依然能够等待第二次奖励。而第一次被骗的孩子这次不愿意再等待了——他们几乎在研究人员离开房间后就立刻吃了棉花糖。这个研究表明延迟满足与人们对结果的预期有很大的关联。人们越是感受到结果的不确定，就越倾向于获得短期回报。

150 年前，《金银岛》的作者英国小说家罗伯特·路易斯·史蒂文森（Robert Louis Stevenson）认为："我们对今天最清晰的判断，都比不过最差劲的历史学家对自己所研究的历史时期的认识。最难理解的就是今天。"如果史蒂文森活在今日的世界，他恐怕要被今日世界的不确定性、模糊性和动态性所震惊，而要怀念起过去的岁月，去抓住那些可以确定的事物。

1　Joseph W. Kable, Joseph T. McGuire, Decision Makers Calibrate Behavioral Persistence On the Basis of Time-interval Experience, Cognition, 2012.

心智的转变

根本解并不排斥症状解，相反，在我们追求根本解的过程中，需要运用症状解为寻找和应用根本解赢得时间，而根本解兼容症状解。在这章的前半部分，对症状解和根本解的讨论让我们开始有意识地思考和感知我们在运用什么样的方法解决问题，以及会对自己、他人和更大的系统产生什么样的影响。但要真正实现从症状解转向根本解，还需要敢于面对各种挑战，需要完成一系列在心智层面的转变。

不和谐是系统中最重要的声音

彼得·圣吉在 2020 年"第四届《清华管理评论》管理创新研讨会"上谈道："症状性的解决方案容易让人避免了解那些解决问题的深层系统性根源，我们的社会需要学会如何与彼此，以及与更大的生命世界建立更和谐的关系。"创建这样的和谐关系，我们需要先直面问题中产生的不和谐，系统将用不和谐之声引领我们找到问题的根源。但在现实中，大多数人都不喜欢也不想听到不和谐的声音——各种冲突之声。人们要么不愿面对，逃跑躲避，要么展开对抗，以暴制暴。

这两种方式都没有真正地理解冲突。詹姆斯和柏瑞在研究《孙子兵法》40 年后指出，冲突所带来的痛苦和暴力仅仅是一个表象，而深藏在这个表象之下的是：冲突反映了我们是如何与自己、与彼此、与世界连接的。[1]当我们承认这一点时，我们就有可能进入到一个更大的系统中去应对冲突。面对冲突，最有效的方式不是着急去解决，而是带着好奇去

1　詹姆斯·吉米安，柏瑞·博伊斯，《全胜》，机械工业出版社，2020。

了解在彼此之间到底发生了什么。两位学者敏锐地转换了人们面对冲突时的视角，即冲突为我们提供了一个契机去深入了解自己和世界真实的样子。冲突不过是动摇了本来就动摇的东西，它如同峡谷的缝隙，让我们能够循着冲突，在复杂的关系中走深，穿过令人恐惧的"峡谷"，豁然进入到一个更加广阔的空间，冲突背后的真相往往就隐藏其中。这为我们找到系统的根本解提供了契机。

举个例子来说，在一个组织中，当出现棘手的状况时，人们经常提出的第一个问题是："这是谁的错？"指责似乎是许多组织中的人的一种自然反应，仿佛一旦找出是谁的错，我们就解决了问题。而解决方案也很简单——将犯错的人剔除即可。组织发展专家玛丽莲·保罗（Marilyn Paul）指出，指责是一种快速解决问题的方法，但它阻碍了学习，一旦有了指责，开放的思想就会关闭，探究往往会停止，理解整个系统的欲望也会减弱。此刻，人们无法进行深入的沟通，而是聚焦于承担责任，停止寻求更为根本的解决方案。但如果人们愿意坐下来对话，愿意倾听和了解彼此，事情就有机会朝着另一个方向发展。这就如同孩子手中可伸缩的魔术球。人们相互冲突的观点就像缩起来的魔术球，每一根"刺"都代表着一个不同的观点，人们紧紧地握着手中的观点，随时准备用它攻击对方。然而，当人们愿意坐下来对话，不带偏见地倾听彼此，就如同魔术球被打开了，那些看似冲突的东西之间有着很深的连接，由此，我们就为相互理解和超越冲突创造了更大的空间。

事实上，看似矛盾的两种状况，在更大的系统里，可能显示了同一事物的不同方面。两个相互垂直的面，共同构成了立方体的一部分。因此，面对不和谐或冲突时，我们需要看到冲突双方所在的更大的系统，以及冲突带来的意义，才有可能超越冲突本身。冲突的英文从拉丁语 confligere 而来，意思是"互相碰撞"。地球上地壳板块的碰撞，形成了喜马拉雅山。这样的碰撞之所以能够形成高山，是因为地壳之下有一个

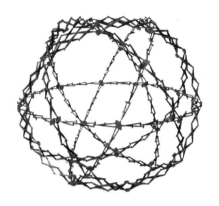

左边为打开的魔术球，右边为闭合的魔术球

更加坚硬稳固的地幔存在，试想，两块巨石在空中相撞，只能拼得两败俱伤、粉身碎骨，绝无可能形成高山。那个坚硬的地幔，就是更加辽阔而宏大的背景，也是冲突双方可以共享的愿景，只有在那个愿景里，冲突双方才有可能找到超越你输我赢的解决方案。

我们之所以不能忽略冲突或不和谐，是因为它们本来就是系统中的一部分，也是它们的存在，让系统有了突破升级的可能——即突破非此即彼的二元选择，在更大的空间里寻求解决方案。《春之祭》是美籍俄罗斯作曲家斯特拉文斯基创作的一部芭蕾舞剧。这部剧描写了俄罗斯原始部族庆祝春天的祭礼。作品既有鲜明的俄罗斯风格，又有强烈的原始表现主义色彩，舞曲风格一反《天鹅湖》等浪漫古典的芭蕾舞曲的曲风，充满了不和谐音、冲突和弦，简直就像狂躁症患者的嘶喊和怒吼。1913 年，《春之祭》在巴黎首演时引发了观众骚乱，因为音乐中可怕的不和谐音，现场充满了口哨声、嘘声、议论声，甚至恶意谩骂声，很多观众纷纷退场，还有一群医生试图起诉斯特拉文斯基损害人们的耳朵。这场骚乱在音乐史和舞蹈史上是空前绝后的。

在音乐圈，《春之祭》更是引发了巨大的震动，直接挑战了音乐家们根深蒂固的美学观念，其中也包括法国著名作曲家圣-桑，而另外两位法国作曲家德彪西与拉威尔则认为《春之祭》是一次意义重大的创新。《春之祭》打破了古典规则，用冲突取代了和谐，预示着一个天翻地覆、多元审美的新世纪的到来，以至于很多人将《春之祭》视为现代主义音乐诞生的符号，成为古典音乐在 20 世纪的新起点。因而，自 1913 年首演至今，这部最初被指责为"亵渎了优雅"的作品被一代又一代的舞者重新解读，成为芭蕾史上生命力最强、版本最多的作品之一。也因此，《春之祭》被英国古典音乐杂志 *Classical CD Magazine* 评选为对西方音乐历史影响最大的 50 部作品之首。《春之祭》对传统芭蕾舞剧的颠覆和震撼，也让我们看到传统是多么地惧怕冲突或不和谐，然而恰恰是这些不同以往的新元素的加入，让系统得到了进化。

诺贝尔化学奖得主伊利亚·普里高津（Ilya Prigogine）在研究化学系统时发现了不和谐音的重要性。他将自己的发现称为"混乱中的秩序"。普里高津证明，一个系统要改变并进入一个更高阶的功能状态，必须首先经过一个中断或混乱的状态。因此，不和谐在生命系统进化到更高层次的秩序中扮演着至关重要的角色。普里高津发现，随着时间的推移，由于系统内部固有的波动或不和谐，所有生命系统都会消耗越来越多的能量。随着时间的推移，这些不和谐的强度增加，导致系统越来越远离平衡。很快，一切都开始摇晃、抖动、破碎，直到系统中所有预先存在的秩序被打破，导致系统跳入混乱。在混沌中，系统又重组为一个在更高层次共振下运转的新系统。这就是普里高津在 1969 年提出的"耗散结构理论"的极简版本。

在普里高津眼里，冲突与不和谐正是系统在寻求新的发展机遇，如果我们将其压制、忽略或远离它，只会让系统陷入死寂或者在一段时间之后引发更加剧烈的冲突——大多数的社会革命就是如此爆发的。这让我们不得不去正视冲突——它们动摇了那些本来就已经松动的事物，虽然现状看上去有可能仍然坚不可摧。

教师的进化

　　教育作为一个复杂系统，也同样充满了各种不和谐和冲突。同样，如果不去面对和解决它们，我们就只能浮于问题的表面，让这个系统逐渐失去活力或引发更深的危机。例如，教师经常遇到的一个问题是专业成长与工作繁忙之间的冲突。其实不仅是教师，任何职业都存在这个问题。很多教师一旦忙起来，就进入"忙于应付"的症状解模式。此时的根本解可能是重新审视工作的意义，以及重新定位自己在其中的角色，进而转变工作方式。教师可以想一想，每天批改 100 份作业的意义何在？有没有一种方法既能有效地完成这项工作，又让学生在这个过程中受益？例如让学生相互批改，或者只批改 1/3 的作业，或者把答案贴到墙上，让学生自己去核对，会不会效率更高、学生更有积极性呢？这些方法并不是很难想到或实施，事实上，我的一位教师朋友告诉我，他在 20 年前就是这么干的，但现在不允许这么做了。那究竟是什么阻碍了教师去寻求根本解呢？这可能有两方面的原因。

　　首先，当你做得和大家不一样时，好事就可能会变成一件糟糕的事情。比如有的家长会质问学校，教师为何没有做到一视同仁或者质疑教师的责任感。担心引发更大冲突或舆情的学校因而并不鼓励教师特立独行。无形中，教师会因创新或变革的成本太大而选择放弃。于是在日复一日的重复性劳动中，教师磨灭了热情，同时也产生了很大的无力感和麻木感，教学系统慢慢失去活力。要想解决这个问题，学校要有智慧地管理舆情，教师和学校要花时间与家长们做充分的沟通，建立信任、达成理解，同时学校要为教师的创新和学习提供保护伞和空间。

　　其次，当下的教师工作的确非常繁重，教师在高压力、高紧张的情况下长时间地工作后，大脑倾向于进入一种低能耗的"放空"状态，即什么也不想做，也就没有了那么多的精力在根本而重要的事情上去沟通、讨论、反思、设计。时间一长，教师思考问题的深度也就降低了，也没有了解决复杂问题的能力。要知道，症状解一直都是最容易操作的方案，而根本解往往需要投入更多的时间或资源才能完成，因此也更难。面对这一难题，需要将"只有空闲的时间才能学习"的心智转换为"课堂是教师最好的学习场所"，教师要学会在工作中学习。成长是可以随时随地发生的，"只有……才……"的模式会限制自己的成长机遇。如果转换了心智模式，教师在繁忙之中也可以保持持续的成长。我认识一位很年轻的特级教师，她一直保持着高频率录课的习惯，没有录像，那就录音，一有空就反复听、反复看，帮助自己找出改进的空间。她还常常主动邀请学校的其他教师到她的课堂听课和给予反馈。正是有这种"把每一堂课都当作学习的重要机遇"的心智，她才能成长得如此之快。对成长的渴望不应该导致对现实的不满，而应该成为自我突破的动力。

有的老师说，我一忙起来就根本停不下来，上课也只能对付过去，做不到时时刻刻都在学习。关于这个问题我们在下一节再来聊一聊。

在放松中直面问题

我们先来看两个有趣的研究。

一篇发表在著名期刊《美国科学院院报》（PNAS）上的研究发现，压力会干扰前额叶的功能，导致大脑发生"短路"。[1]这项研究招募了20名面临重大考试的医学生，他们在此之前刚经历了4周的紧张复习，研究者用科恩知觉压力量表（PSS）测试确认他们当前确实处于巨大的心

1　C. Liston, B. S. McEwen, and B. J. Casey, Psychosocial Stress Reversibly Disrupts Prefrontal Processing and Attentional Control, Research Article, PNAS, 2009.

理压力状态。研究者同时还找了 20 名没有任何心理压力的正常对照组进行对比，两组被试都需要完成一个同样的注意力控制任务，同时用功能性磁共振成像（fMRI）扫描他们的大脑激活和功能连接状态。

研究结果发现，当人们处在较大的心理压力状态下时，负责分析的理性中心前额叶与其他脑区的功能连接会变弱，此时如果要从当前正在做的事情转换到另一件事情上，所需的反应时间会更长，而且大脑也更难调动认知资源来迅速作出反应。与此同时，以杏仁核为中心的大脑连接会变得更强，杏仁核是人类的情感中枢，因此个体就会从"三思而后行"转向"感情用事"的行为模式。

我们的大脑在巨大的心理压力下会如同"短路"一般，失去理性思考的能力，容易用习惯的方式来对待事情，墨守成规，而非灵活应变。来自斯坦福大学心理学系的安东尼·瓦格纳（Anthony D.Wagner）等人对人们在压力下的决策模式进行了很有趣的研究实验。[1]这项实验招募了38 名志愿者。志愿者们先是通过 VR 实景的方式认识一个小范围的城市街景，路上会有一些地标，帮助志愿者记住路线。在前两天的实验中，每位志愿者都只学习到几条熟悉的路径，尽管实际上还存在一条捷径，但是志愿者此时是不知道的。

在第三天的实验中，志愿者被分为两组，两组志愿者都需要自主地从起点到达终点，但他们在出发前都有一段时间来思考和规划自己想走的路线。其中一组会不定时地遭受到轻微电击，因此这一组志愿者一直处于担心自己被电击的状态，从而时刻处在压力之下，而另一组志愿者则是以轻松的状态完成任务。

结果发现，压力组大部分都选择了走熟悉的路线，只有少部分人规

---

1 Thackery I. Brown, Stephanie A. Gagnon, and Anthony D. Wagner, Stress Disrupts Human Hippocampal-Prefrontal Function during Prospective Spatial Navigation and Hinders Flexible Behavior, Current Biology, 2020.

划了走捷径，而非压力组则恰好相反，大部分人都成功规划了走捷径。研究结果表明，当人们处在紧张的精神压力之下，他们的行为常常在回应那些让人感觉不舒服的情绪，而不是深思熟虑，从根本上解决问题。

瓦格纳等人还用 fMRI 探究了志愿者的大脑神经信号，发现非压力组在选择走熟悉路径的时候也是经过了思考的，而压力组在走熟悉的路线时甚至都没有思考。前额叶和海马体是人们基于已有的经验做出最优计划的重要脑区，但人们在紧张的压力状态下，这两个脑区都处于"沉默"状态，导致人们难以做出最佳的选择。

这两项研究的结论表明，心理压力之下，我们的理性分析能力和思考力都会下降，解决问题会处于"走老路"的模式，更谈不上创新突破了。找到根本解，需要对问题进行深入的分析，不被思维惯性所局限，打破零和博弈的局面，这需要开阔的视野、洞察力、创新，也需要足够的耐心和毅力。要想做到这些，都需要我们放松地去面对问题，才能让前额叶重新"上线"，让上述能力得以启动。在放松中直面问题，这听上去有点逆人性，但要想超越"走老路"的症状解模式，这其实是一个非常靠谱的路径。

在探讨如何放松之前，我们先谈谈到底什么是放松。很多人对放松有一些误解，认为放松就是随便、无所谓、听之任之、躺平。其实真正的放松并非这样，我们不妨借用太极拳中对松紧的描述来理解放松。阴中有阳，阳中存阴，阴阳相济谓之太极，太极拳乃是刚柔相济之拳。而"松紧"则是太极拳里最重要的一对关系。"松从紧中求"，松中有紧才叫真松。松中如果没有紧，就是"懈"，不是真松。紧中无松不是真紧，那是僵硬。在太极拳中，"松"和"紧"是一对矛盾的两个方面，它们相互依存，不可分开。这是我理解的真正的放松。

同样，在解决问题的时候，放松并不意味着"懈怠"（只是随意想想，能解决就解决，不能解决就罢了），而是有着明确的方向，把大方向把握住，具体的步骤、方法、路径、节奏都随着事情的进展而做出灵活的调整。"放松"在概念上虽然好理解，但太极拳的松紧之道却很难练习，这是因为我们并没有一个量化的指标去定义何谓松，何谓紧。这就如同手中握住一只瓢虫，如果太紧，瓢虫动弹不得，可能会憋死，如果太松，它就飞走了。所以放松也是一个不断感知的过程，如果没有了感知，就没法调整自身。古罗马的哲学家、政治家塞涅卡（Lucius Annaeus Seneca）曾经说过："乐于忙碌并非勤奋，它只是恐惧心灵的躁动，而厌烦一切活动也并非真正的安宁，只是松懈与惰性罢了。"这无疑是对过于松和过于紧的最好的西方注释。

真正的放松有助于找到问题的根本解，这在脑科学的研究中也被一再证实。2001 年，华盛顿大学的脑成像专家马库斯·赖希勒（Marcus E. Raichle）教授采用 PET 技术 [1] 最早定义了"默认模式网络"的概念。大脑的默认模式网络（DMN）在放松的时候会被激活，如白日梦、意识流、冥想时，它也被认为与自我认知、内省、自传记忆的加工和提取有关。也就是说，有时我们以为自己什么都没有想，但其实我们大脑里的默认模式网络非常活跃，大脑开始将后台零碎的信息进行梳理，把那些可能被遗忘的信息重新激活。此时，通过重新发掘过去的记忆，架起过去和未来之间想象的桥梁，联系不同的想法，大脑会自由组合出人们平时可能意识不到的信息，从而产生新的创意。这样看来，解决问题的创造力不是源于专注和紧张，只有当你放松时，你的思想才能流动起来。

那么，如何才能在压力下依然保持放松的状态呢？在我自己的体验里，正念练习是最有效的方法。正念减压创始人卡巴金博士认为，正念就是觉察，就是有意识地将注意力放在此时此刻，对当下的一切不作任

1　PET 代表英文 Positron Emission Tomography，含义为正电子发射断层扫描技术。

何评判、任何反应。通过持续的正念练习，在我们面对冲突或负面反馈时，也不会将自己关闭起来，而是能够在放松中留意，从别人的意见中获得灵感和成长的机会。

教师学会真正的放松，获得一种松弛感，会对教学和学生带来莫大的益处。首先，你不会被内外部的"噪声"所干扰，你可以潜心思考教学中重要的事情。在教学中遇到意料之外的状况，也不会着急回到老路上找解决方法，而是会带着好奇去倾听学生的提问或疑惑，把现场所发生的一切当作资源。

其次，放松为教学创新留出空间。如果我们把教学的过程比喻为画画，那放松地教学，就如同画中国的国画。而紧巴巴的状态下的教学，就如同画西方的油画。国画讲究留白，油画则必有背景，画果物，其背景为桌子与背景布；画人物，则背景为当时所处的环境。画面全部填涂，注重光影、颜色的搭配，不留空白。我更喜欢国画，国画的留白让艺术超越了它本身，让观赏者有机会放入自己的思考、自己的理解、自己的想象。这正如放松的教学，它有紧的部分，就是紧紧围绕着教学目标，但它也允许沉默、停顿，允许独立地思考，允许错误，允许学生按照自己的节奏去学习。教师不被既定课程设计、教学步骤、方法所限制，会根据所有现场的情况去调整。这样的课堂是会呼吸的课堂，是有生命力的课堂。学生们在这样的空间里才能生长出自己对世界的看法。这种体验是非常重要的，当孩子们步入成年人的世界，在面对真实的问题时，曾经的教育体验就会让他们以放松的状态去直面问题，更有效地解决问题。

行动前先看清楚结构

如果我们不断地陷入症状解，那就说明一定有某种潜在的结构让我们一而再、再而三地掉进坑里。如果不看清楚支撑症状解的结构究竟是什么，人们的行动就或许是盲目的，也将很难找到根本解。

我们先来看一个例子。海伦·凯勒的故事为人熟知。在海伦很小的时候，一场可怕的疾病夺走了小海伦的视力、听力和声音，让她坠入无边无尽的孤独和黑暗之中，看到女儿绝望痛苦的模样，海伦的父母无能为力，唯有尽力满足小海伦的所有需求——无论海伦做什么，都被允许，从不被管教。小海伦明白，无论她做什么，她的父母都会迁就她。每当海伦遇到问题或遭遇失败时，她的父母都会出现在她的身边帮助她。每一次事件都使她的父母更加相信她确实是无助的。随着时间的推移，海伦渐渐长大，不幸的生活和无条件的溺爱让她的性格变得乖张暴戾，犹如一匹无法驯服的野马。这三个人都被困在了一个系统中，这个系统正在侵蚀着海伦应对世界的能力和渴望，并将她的幸福责任转移到她的父母身上。

在海伦·凯勒的故事中，海伦无法应对现实世界是问题的症状，她父母的干预是症状解，副作用是海伦的父母对她的幸福承担越来越重的责任。这种将责任转移到第三方的模式被称为"转移负担"，随着时间的推移，干预者的作用会越来越大。在海伦的例子中，海伦的父母并不清楚上述结构的存在，他们的行为强化了海伦的能力不足，也让她越来越不相信自己可以对自身的幸福负责，进而更加强化了海伦父母作为其"保护者"的角色。

直到教师安妮·莎莉文的出现才彻底改变了这个系统的运转模式。她采用的方式就是强行切断了存在已久的恶性循环，让海伦学习自己去应对现实世界。这其实才是问题的根本解——让海伦发展自己照顾自己的能力和信心。为了实现这种转变，莎莉文老师带着海伦独自在小屋里面度过了封闭的两周，让海伦无论如何撒泼打滚都得不到她父母的保护，以此来削弱她对父母的依赖，重新建立自信。这个过程极其痛苦，如果不是莎莉文的坚定和努力，拒绝让海伦的残疾阻碍她变得自立，海伦可能永远不会发现她真正的潜力。

"转移负担"强调了一种非常普遍的人类倾向，即尽快消除不舒服或疼痛的感觉。这种倾向通常会让我们把注意力集中在症状上，而不是更根本的原因上。这种结构是我们从症状解迈向根本解的时候经常会遇到的阻碍，我们使用症状解的策略时间越长，就越需要耗费更大的力气来摆脱它带来的侵蚀或惯性。因此，在行动之前我们需要问一问自己：

- 问题的症状是什么？
- 导致它一再出现的结构是什么？有什么副作用？
- 为了解决问题，我／我们过去的行为在强化什么，在削弱什么？
- 什么是问题的根本解？
- 阻碍我／我们迈向根本解的因素是什么？
- 短期和长期的解决方案分别是什么？

看清楚问题的结构，其价值并不仅仅在于生成"答案"，而且在于当我们深入到潜在的问题时，可以获得对系统更大的理解。"转移负担"模式只是在表浅的程度上解决问题，我们还要意识到，它的存在，是在提醒我们，在更大的系统中它可能还有更有效的解决方案。

看清楚问题的结构，也让我们更有耐心去等待事物发生变化。例如，如果你的一项任务进行了 40 天，发现工作量只完成了 1/1000，眼看还有 10 天就到任务期限，你已经非常疲惫，而且看不到完成的希望……这个时候，你还会坚持下去吗？我相信大多数人这个时候已经心理崩溃了，时间过去了 4/5，事情才做了 1/1000，一定是要延期了。但如果你此刻看清了这个任务的发展规律，或许就能缓解你的焦虑。

我们换一个场景来谈这个问题。假设一个荷塘全部长满荷叶需要 50

天，而荷叶的生长速度是每天翻一倍。那么在第 49 天时荷叶覆盖荷塘面积的百分比是多少？答案很简单：覆盖了 50%，也就是荷塘总面积的一半。再往前想一想，第 40 天时荷叶覆盖荷塘面积的百分比是多少？答案是 $1/2^{10}$，即 1/1024。我想，如果荷叶有灵性，你问它在第 40 天的时候会不会焦虑？它一定会说，不焦虑。因为它知道荷叶生长的规律是什么，50 天一定能够覆盖整个荷塘。荷塘里荷叶的增长模式叫作指数型增长，它的特点是在开头很长的一段时间里，事物的变化是非常缓慢的，缓慢到让你失去耐心。如果我们不知道事物的发展规律，我们就会选择放弃，我们就会去追求短期利益。

人的成长其实也是一种指数型增长。教师耗费了很大的力气去培养学生，但在短期内很有可能看不到明显的变化。但如果教师知道人的成长是一个指数型增长的过程，就不会那么焦虑或沮丧，就愿意花费更多的时间去做那些对学生的一生发展有意义的事情。也许在若干年后，你的学生会回想起你对他的鼓励，那些温暖的片段将帮助他度过最难熬的暗夜。教师需要把教育放到学生一生的时间尺度上去思考。最好的教育者不是那些能够解决当前问题的人，而是那些能够帮助孩子成功迈向未来的人——那些最灵活、开放、能够支持和鼓励学生终身成长的教育者。

莎莉文就是这样的教育者。虽然她没有学过系统思考，但她自身的经历能够让她看清问题的本质，直指问题的根本。安妮·莎莉文 5 岁时因患沙眼失去大部分视力，她小时候也同海伦·凯勒一样，因为生活凄苦而乱发脾气。后来，盲人学校的一位老师收留了她。一开始她丝毫不领情，还多次挑衅，可这位老师却总以平和的心态看待她，从不苛责她。终于，莎莉文被老师包容的态度和关爱感化了，她接纳了老师，做出了很多改变。她开始思考自己能做什么，还找到了一份整理、清扫旅店的兼职工作。正是因为自身的经历，莎莉文才知道如此对待海伦是必须的、正确的。不得不说，小海伦是幸运的，希望这个世界上多一些像莎莉文那样能洞察教育本质，抓住根本，敢于坚持的教师。

以创造未来为导向，回望当下

当面对亟待解决的问题时，人们会习惯性地将目标设定为消除问题。例如，有两个学生在学校里打架，教师通过批评教育、请家长，让两个孩子和好如初。这是以消除问题为导向的策略。但过了几天，另外两个学生又打架了，于是教师重复使用之前的策略，把问题又一次消除了。看似每一次都成功地解决了问题，但这并非问题的根本解。

除上述策略外，还有另外一种解决问题的策略是以创造未来为导向。同样是两个学生打架，老师除了批评教育之外，还做了一件更重要的事情，就是在班会上和学生们探讨他们想要一个什么样的班级。学生们讨论后，认为他们想要一个快乐、有趣、高效学习的阳光教室。然后老师又问他们，什么样的行为有利于形成这样的教室，什么样的行为会阻碍这样的教室形成。学生们列举出了种种促进因素，如帮助他人、分享、一起玩耍、"己所欲施于人"、鼓励他人、保证他人的安全、尊重他人、大量阅读、合作等，也列举出了许多应该被舍弃的行为，如伤害他人、漫不经心地对待他人、不分享、不合作、不善待他人、不倾听、吵闹、推搡等。这场讨论陆陆续续地持续了几周，学生们积极主动地分享自己的看法，甚至通过拍摄短片的方式，把不同类型的行为表演出来。这是一个真实的故事，我在2016年访问美国亚利桑那州的博顿特色学校（Borton Magnet School）时，学校的一位负责人向我讲述了上述内容。这就是以创造未来为导向，它不再是仅仅解决当下的问题，而是激发人们说出想要创造的局面，并以此为目标采取行动，它是一种在更高维度解决问题的策略。

虽然我们在前面一再强调要追求根本解，但如果出发点并非以创造未来为导向，此时的根本解也可能很难发挥实效。让我们来看一个例子。

2020 年以来，随着中小学课程改革的深入推进，中小学增设了信息技术、综合实践、通用技术、心理健康教育等 10 多门课程。新一轮高考改革推动普通高中"选课走班"带来"小班化"和"走班教学"改革趋势，再加上城市化发展、在校生规模变化等因素，这些共同导致了学校对中小学教师需求的大量增加。为应对这种状况，症状解就是招聘大量的非编制内教师，也就是所谓的"劳务派遣""合同工""临时聘用人员"。这一招非常有效，解决了燃眉之急。2022 年，民进中央对全国 10 个代表性省份的 2329 位校长进行了调研，发现有 40.32% 的校长反映学校在使用编制外教师，其中，有 1/4 的学校编外教师达到在岗教师的 20% 以上，有的学校编外教师甚至占到在岗教师的 90% 以上。

招聘大量非编制内教师的同时，校长们当然意识到，需要申请更多的编制来招聘优秀的教师加入，提升学校的教学能力，增强教师队伍的稳定性。然而，当问题症状——教学岗位缺编的状况减少时，这些根本性的努力很快就减弱了，因为这些临时派遣的教师缓解了问题的症状。而其他更紧迫的问题又占据了学校的注意力，于是增加编制、减少教师队伍流失的努力被搁置，直到下一次教师短缺的问题再次出现，学校才又会重复展现出同样的动态。当快速解决方案在短期内成功地处理了问题时，组织将继续在长期内依赖该策略。因此，寻求持久、更根本的解决办法的努力在走下坡路。如果放任不管，学校最终会越来越依赖临时性的教师。

尽管选择投资于更根本的解决方案要比追求症状性的解决方案好，但这两种行动本质上都是有缺陷的。这是因为这两种方法都是由解决当前问题而驱动的，不是由创造你想要的未来而驱动的。此时，即使选择根本的解决方案也会产生时断时续的问题症状。这是因为，花在解决问题上的精力会随着症状的起伏而变化——当问题严重时，从根本上解决问题的努力会增加；当症状"得到控制"时，这种努力就会减少。前面"教师缺编"的解决过程就是一个典型例子。

MIT 组织学习中心的共同创始人丹尼尔·金〔Daniel H. Kim〕认为，要想打破这种反应性取向的问题解决模式，就需要从解决问题导向转为朝着你渴望创造的愿景而努力，即以未来为导向。在"教师缺编"的例子中，"以未来为导向"意味着学校的发展以及教师队伍的发展需要有一个更加清晰的共同愿景，这种愿景会牵引着学校持续不断地努力，而不管学校是否正在经历师资短缺的状况。用更加简洁的话说，就是把重心从解决当下问题转向创造未来，这是在更大的时空内长远地解决问题，它所能带动的能量将是巨大的。

各级政府的教育改革也常常陷入反应性取向，尤其是在经受来自官僚体系或社会舆论的过大压力下更是如此。他们没有重新审视教育系统的根本目的，而是专注于消除当前的弊端、冲突和矛盾，如教师编制不足、教师待遇不高、教材插图问题、教师倦怠、高考升学率低、学校餐饮堪忧、家长参与度低等。并不是说这些问题不重要，而是即使找到了这些问题的根本解，在长期来看，也并没有真正让教育发生深刻的转变。相反，因为那些人投入了精力去纠正那些对教育转型没有实质意义的事情，以至于没有精力去思考和建立更大的教育愿景，也就没有长久的动力去让深刻的转变得以发生。

因此，寻找根本解的教育工作者需要两项关键的能力：第一是为了长久的价值而拒绝短期回报的能力；第二是以未来为导向，有能力为自己、为学生，也为更多人创建共同的教育愿景。这两项能力是一个教育工作者真正成熟的标志。

以培养身心完整的生命为教育之根本

今日世界，教育出现了很多问题。这些问题大多数解决起来非常困难，也反映出教育系统复杂的一面。在这样的状态下，教育问题是否还能找到根本解？要想回答这个问题，首先要明确教育的目的是什么。自古以来，人们从不同的角度回答了这个问题。社会本位的观点认为，教育的目的要根据社会需要来确定，个人的发展必须服从社会需要。他们认为，教育的目的在于把受教育者培养成符合社会准则的公民，使受教育者社会化，保证社会生活的稳定与延续。在他们看来，社会价值高于个人价值，个人的存在与发展依赖并从属于社会。文化本位的观点则强调教育的目的要围绕文化来展开，用文化来统一教育、社会、人三者间的关系，最终目的在于唤醒人们的意识，使人们能够自动自觉地追求理想价值，创新文化。

每一种观点都有其存在的价值和意义，但我认为这些都应该是第二位的目的，教育的首要目的，也是根本目的，是培养身心完整的个体，只有人的身心完整，才有可能实现教育的其他目的。这应归属于人本位的教育观。秉持这一观点的教育家很多。法国教育家、哲学家卢梭认为教育即生长，生长就是目的，在生长之外别无目的。瑞士教育家裴斯泰洛齐（Johan Heinrich Pestalozzi）认为，教育的目的是"促进人的一切天赋能力和力量的全面和谐发展"。古罗马教育家西塞罗（Cicero）把"让学生摆脱现实的奴役，而非适应现实"作为教育的目的。法国哲学家蒙田（Michel de Montaigne）的观点与之相似，他认为，学习不是为了适应外界，而是为了丰富自己。中国古代的大教育家孔子在《论语·宪问》中谈到"学者为己"。荀子在《劝学》中对这个观点做了延伸："古之学者为己，今之学者为人。君子之学也，以美其身，小人之学也，以为禽犊。"也就是说，君子之学是为了完善其身，提升自己的修养，提升自己的学识，提升自己的道德，提升自己的智慧，是"为己之学"；小人之学是为了家禽牛犊，是为了生存，为了利益，为了交易。

这些哲学家和教育家们都将自我发展放在了教育目的的首位，但并没有清晰地解读什么是"身心完整"。我对"身心完整"的理解是我们的心灵、身体、头脑在长时间内处于一种协调一致的平衡状态，当处于这种状态时，我们能够感受到一种清明，涌现出行动的力量，以及平静和喜悦。帕克·帕尔默教授在他的多部著作中都谈到身心完整，他说："身心完整并不意味着完美，它意味着拥抱破碎，把它作为生活不可分割的一部分。认识到这一点，让我看到了希望：如果我们能把毁灭作为新生活的温床，那么人类的完整——我的、你的、我们的——就不必是乌托邦式的梦想。"帕尔默教授在《教学勇气》中讲述了一位传奇黑人女性罗莎·帕克斯（Rosa Parks）的故事。在故事中，罗莎决定不再过一种身心分离的生活，这被帕尔默教授认为是寻求身心完整的典范。

1955 年 12 月 1 日，在阿拉巴马州的蒙哥马利市，这位黑人女性决定过一种不再分离的生活，决定不再像以前那样，以种族主义者给她定义的"不完整的人"的身份来生活。她决意依照内心对自身人性的认知来行事。所以她做了一件简单的事情：在一辆实行种族隔离政策的公交车上，她坐到了为白人专设的前排座位上，并拒绝给白人让座。

……

在她的壮举的推动下，马丁·路德·金领导了一场公共交通联合抵制运动，最终导致联邦法院做出判决，宣判种族隔离法违宪，由此进一步推动了公民权利运动。

教师的进化

我们都渴望成为一个整体，这会让我们身心协调，放松舒展，追求热爱之事，但选择分离似乎更容易，因为这会让我们感觉到安全。而像罗莎那样拒绝给白人让座是更难的，因为这个世界上的大多数人都是身心分离的，追求身心一致反而成了异类。这种体验我从小就有。小的时候，我经常被认为是一个非常内向的孩子，但我也有展露自己才华的渴望，因为我知道自己在有些方面的确比较擅长。记得在高二那年，我担任了班里的文艺委员，还主动报名参加了年级演讲大赛。为此我做了很多准备，结果在台上还是出了状况：在激昂陈词的时候，我将谭嗣同的诗句"去留肝胆两昆仑"念为"去肝留胆两昆仑"。台下一阵哄笑，场面有些难堪，我也慌了神，声音越来越小，最终草草结束了演讲。回到班里，同学对我的表现指指点点，更让我抬不起头。从那时起，我渐渐变得不再欣赏自己的声音和表达，也不太愿意去主动地展现自己了。

否定自己、隐藏真实的自己是更容易的，我确实因为不用努力去公开地表达自己而感到安全，但这种安全感源于封闭的自我保护，在它之下，我与真实的自己分离了。我也能感受到很多情绪——悲伤、愤怒和渴望——如暗流涌动，却找不到出口。幸运的是，很多年之后，陪伴女儿为她读各种故事，再一次唤起了我对自己声音的喜爱。女儿纯粹的灵魂保护着我的脆弱免受这个世界的伤害，照亮我内心的幽暗之地。我越来越欣赏自己的声音和表达，好像这一部分真正的自己回来了。此时我也感受到了一种不一样的安全感，它带来的能量是放松的、开放的、接纳的。令我感慨的是，这个自我疗愈和身心一致的过程竟然需要20年的时间才得以完成。

我的故事只是我生命中的一个小小片段，让我与自我分离的片段又何止这一幕。而此刻我正走在回归完整的旅途中，还有很多分离的自我因未能得到治愈而隐匿起来，不知所踪。在生命的河流中，我们都在不断地经历着自我的分离、寻找和回归。自我的分离带来了恐惧和疯狂、贪婪和欺骗以及对他人痛苦的冷漠。人们迷失在这种疯狂中，失去了道德准则，甚至失去了生命。然而，"心灵的秩序永远不会被摧毁"[1]。它可能会被白茫茫的浓雾所掩盖，但它一直都在。我们只要认真聆听，就能听到它的呼唤，它会指引我们找到方向，重新回归完整的自己。

为了让这个世界变好，也为了让孩子们身心健康，我们需要将培养身心完整的生命作为教育之根本。我相信，以"培养身心完整的生命"为根本目的去解决复杂的教育问题，就能够找到教育系统的根本解。这一目的应该被视为教育的第一性原则，具有超越性。当教育偏离或忽略了这一目的，转而追求其他目的时，便可能产生巨大的问题。毋庸赘言，相信很多人都已经意识到，工业革命以来的"工厂式"教育，就是走向了与之相反的"身心分离"方向，因而造成了今日世界的诸多问题。

以培养身心完整的生命为教育之根本，意味着教育的首要任务是学会生长而非获取知识。

也就是说，通过教育生活，学生有机会去探索和发现自己的热爱，并被支持去追求自己的热爱之事。就像植物渴望阳光、水分和土壤一样，生长是每一个有机体刻在 DNA 里的能力，我们需要做的就是创造有利于生长的环境，而那些机械的、死气沉沉的教育生活只会压抑生命。理查德·查尔斯·莱文（Richard Charles Levin）是享誉全球的教育家，曾在 1993—2013 年任耶鲁大学校长。在一次毕业演讲中他曾说："如果一个学生从耶鲁大学毕业后，居然拥有了某种非常专业的知识和技能，这是耶鲁教育最大的失败。"因为他认为，专业的知识和技能，

1　Parker Palmer, Hidden Wholeness, Jossey–Bass, 2004.

是学生们根据自己的意愿，在大学毕业后才需要去学习和掌握的东西，那不是耶鲁大学教育的任务。理查德·查尔斯·莱文在他的演讲集《大学的工作》中这样写道："耶鲁致力于领袖人物的培养，本科教育的核心是通识，是培养学生批判性独立思考的能力，并为其终身学习打下基础。"这样的教育将最大程度地激发学生的个人潜质，展现其个人天赋，使其不为功利所累，为其生命的成长确定方向，为社会、为人类的进步做出贡献。

以培养身心完整的生命为教育之根本，意味着教师要创建一个让学生感到安全的空间。

我们的灵魂有时候就像一只小动物，只有在安全的时候才会好奇地打量世界，而一旦感觉到危险，就会迅速地没入森林，很久之后才露出头来观察。因此，教育要孕育身心完整的个体，首先需要创建一个让学生感到内心安全的空间，让他愿意完整地袒露自己，而无须担心别人如何看待自己，因为他知道，同学、老师都能够接纳并欣赏他本来的样子。在这样的环境里，孩子们是放松的、充满好奇的，他们对自己内心的渴望是清晰的、不被压抑的。当学生们能安心地做自己，其内在的创造力自然而然地就会被释放出来。

以培养身心完整的生命为教育之根本，意味着教师要以真实的自我与学生相处。

如果教师戴着专家的面具与学生互动，创建的空间无疑是权威的、封闭的，这对于学生来说更会阻碍他们的学习。我想，很多教师不会同意这一点。老师们经常抱怨，如果不让自己看起来厉害一点，课堂纪律就是一锅粥。尽管这种方法快速有效，但并非根本的解决方案。相反，学生因为害怕老师或者为了赢得老师的认可而保持安静、开始学习，这反而迫使孩子们走上身心分离的道路。他们的学习不再受好奇心驱动，而是受老师的要求驱动，这是一件很糟糕和荒唐的事，难道不是吗？没有了热爱的学习，是无法持久的，也无法激发学生内在的天赋。如果教师以开放、平等、无知的姿态将真实的自己袒露在学生面前，学生可能会不知所措，课堂或许会更加糟糕，但请给予他们一些时间。起初，学生可能会像被束缚已久的野马一样冲上草原，但一段时间之后，他们就会找到自己喜爱的地方栖息和停留。教师需要做的就是去关心每一个人，去了解每一个人，去激发他们的热情与好奇心，并以此将这些小马引向生命成长的旅程。这的确需要时间，但这是一个缓慢加速的过程，仿佛那毛竹生长的节奏，开始的缓慢是为了迎接生命绽放所做的准备。

宫崎骏执导的一系列动画电影都是女儿和我的最爱。我发现，宫崎骏的很多动画片中的主人公并不像漫威电影那样都是身怀绝技的异人，相反，很多主人公都是普通得不能再普通的普通人。他们是《千与千寻》里和父母走失的千寻，是《龙猫》里惦记母亲身体安危的小月、小梅姐妹，是《天空之城》里与海盗为伍的女孩希达，是《悬崖上的金鱼姬》里勇敢的小男孩宗介……然而他们的身上却闪耀着人性的光辉，他们的勇敢、坚韧、善良、诚实、慈悲和爱都在向我们揭示着，教育不能沦为一种技术，而是一个唤醒和保护人类所有美好品质的宇宙。

每章十问

1. 压力大的时候，你通常会做什么？这么做是根本解还是症状解？有什么副作用？

2. 你的教育方式，对孩子的成长会产生副作用吗？

3. 你有上瘾的事情吗？为什么会上瘾？

4. 为什么寻求根本解会那么难？结合自己的经历想一想。

5. 什么是值得自己长久努力的目标？是什么阻碍自己朝着这一目标前行？

6. 在你的教育生活中，根本而重要的事情是什么？

7. 你如何与冲突相处？

8. 你体会过真正的放松吗？什么是真正的放松？

9. 有没有反复困扰自己的事情？思考是什么样的结构导致问题一再出现？

10. 生命不是为了解决问题，而是去创造。想一想，你渴望去创造什么？

第六章

从强大到柔软

芦苇弯曲，橡树挺直。

风将它的威力加剧，

越刮越猛，无法硬顶，

那头部高耸，与云天并肩为邻，

脚踩黄泉的橡树被连根拔去。

——拉·封丹

节选自寓言诗《橡树与芦苇》

当下的局面

2000 年，国际地圈生物圈计划（IGBP）在墨西哥库埃纳瓦卡召开会议，会议发言中，人们不断提到"全新世"一词。在当时，学者们把从 11700 年前冰河时代末期开始的时代一直到今天都称为全新世。在现场参加会议的荷兰气候科学家、诺贝尔化学奖得主保罗·克鲁岑（Paul J. Crutzen）对于参会的科学家们反复使用"全新世"一词越来越无法忍受，他大声说道："停止使用'全新世'这个词吧。我们已经不是全新世了。我们正处于人类世（Anthropocene）！"人们沉默了，房间里安静下来，但人们的内心深受震撼。当这群人喝咖啡休息时，人人都在谈论人类世的话题。克鲁岑并没有预料到，这个词的提出将在未来引发从地质学、生物学到文化、政治等领域的巨大震荡。2002 年，克鲁岑在《自然》杂志上发表了一篇精确而简洁的、只占了一页篇幅的短文，题为《人类地质学》。他指出，人类已经成为一股强大的地质力量，以至于有必要指定一个新的地质时代，以便准确地描述这一发展。而这个新的"人类时代"——人类世，始于 18 世纪晚期的工业革命，人类将继续成为持续数千年的主要环境力量。[1]

1　Crutzen, Paul J., Geology of Mankind. Nature, 2002.

人类对地球影响深远这一概念并非由克鲁岑首次提出。这一概念的前身可以追溯到 18 世纪晚期——正是克鲁岑提出的人类世开始的时期。1775 年，法国博物学家孔德·布冯（Comte de Buffon）区分了原始自然和人类文明的自然，并观察到"地球的整个表面都带有人类力量的印记"。1864 年，美国地理学家乔治·帕金斯·马什（George Perkins Marsh）描述了人类的变革力量，尤其是人类对地球表面形态的影响。意大利牧师和地质学家安东尼奥·斯托帕尼（Antonio Stoppani）在 1865 年到 1870 年间出版了多卷本的《地质大全》（*Corso di Geologia*），在书中，他提出了一个非常接近人类世的概念——人类生代（Anthropozoic Era, 又译灵生代），并描述了它的地质特征。

到了 20 世纪，随着人类对地球的影响加快步伐，这些谈论变得更加频繁。许多学者提出了多个与人类世相近的概念。其中最著名的是德国生物学家休伯特·马克尔（Hubert Markl）。他在 20 世纪 80 年代提出了"Anthropozoikum"（人类世）来描述我们现在的时代。与克鲁岑提出的 Anthropocene 一词不同，马克尔的概念主要是站在生物学与行为学的视角而非地质学的视角，例如，他强调人类是生态系统的"超级捕食者"，人类的文化行为已成为影响地球生物圈演化的主要驱动力，呼吁人类需意识到自身对地球的深远影响，并承担起"行星管家"的责任。

虽然人类世概念的前身可以追溯到 200 年前，但几乎所有过去提出的概念都被人们忽略了。直到千禧年后，"人类世"的概念才被今日的世界普遍关注。其中一个重要的原因是，人类对世界的影响已经大到无法被忽略，人类活动对世界生态系统和大气层产生的影响是决定性的，这一印记将在地质记录中长久存在。在我看来，克鲁岑提出的"人类世"观点，其目的并不是对人类文明的强大进行歌颂，而是对人类增长模式发出的严重警告。

强大的人类

回顾人类发展的历史，人类从直立行走开始，经历数百万年的演化，在文明日渐强大的同时，构建出了非常复杂的今日社会形态，不由得令人感叹。那么，人类社会究竟是如何一步步变得如此强大的？为了回答这个问题，我们一起回到原始社会，从早期人类开始探索。

最初的人类并不强大，个体很难存活。因此，早期人类以群居为主。在生产力低下的时期，人类族群不能太大，但也不能太小。公元1642年，荷兰航海家塔斯曼发现了一座与世隔绝的岛屿——塔斯马尼亚岛，岛上生活着非常原始的种族塔斯马尼亚人，大多数的族群人数在20~40人之间。而南美洲的博托库多人（Botocudo）、卡拉哈里沙漠的布须曼人（Bushmen）、斯里兰卡的吠陀人（Veddahs）族群人数也基本上与塔斯马尼亚人相似。他们依靠狩猎和采集野生果实生存，一次无法养活许多人。在食物短缺时，数十人的族群还会分成更小的族群寻求生存。

经过数百万年的漫长岁月，人类的工具从粗糙不整齐的燧石片，到适合手握劳作的手斧，再到更加锋利的石器、刮削器、骨器，人类制作的武器有了很大的提升。1万多年前的石器时代晚期，人类已经可以用一整块石头制造出长达12厘米的薄刀片（马格德林技术），用它制成的长矛增加了投掷后的速度，石头的矛尖已经能够贯穿大型野兽的皮。与此同时，部落的男人们也学会了简单协作，共同围捕大型野兽。在距今2万年到1万年前的更新世末期，欧亚大陆北部、大洋洲、美洲马达加斯加的数十种大型动物走向灭绝，北美遭受的打击最为严重，有70%的大型哺乳动物在距今大约1.1万年前突然消失。有相当一部分的学者认为这要归罪于智人，他们利用手中的石制标枪和"协同作战"的围捕方式，大肆捕杀行动缓慢的兽群。

随着人口的增加和采集、狩猎的收益减少，人类不得不寻求新的方式养活自己。于是，种植社会出现了，人类进入农耕文明。农业的发展可以看作人类为了适应人口的增长而不断努力提高土地生产效率的过程。农业时代早期，全球人口数量不到 1000 万，而在工业革命前，全球人口已达到 8 亿人左右。人口数量的增加导致了人们对能量消耗产生需求，这迫使农业生产从原来非常粗放的方式变得更加集约化，并发展出利用风能、水能和畜力的简单机器以提高田间工作的效率，包括犁地、播种、脱粒、施肥、灌溉等。

随着生产工具的改进和劳动技能的积累，社会生产力进一步发展，剩余产品出现了，这导致了私有制和奴隶制的产生。人类社会出现了第一次大分裂，最终推动了国家的诞生。国家的产生让人类社会的组织能力有了极大的提升，人类可以调动更大的力量去改造世界。据《史记·蒙恬列传》记载，秦长城修建人数约 30 万；而发生在公元前 431 年的伯罗奔尼撒战争，双方累计投入的总兵力超过 10 万人。约 10 万人。国家的产生也孕育出大规模的城市，提升了整个人类的生活品质，让更多人有精力去从事非农业活动，即艺术、哲学和发明创造，这是工业文明得以发展起来的前提条件。

工业文明的发展历史我们是很熟悉的，毕竟我们仍然处于后工业文明之中。工业文明的发展主要依赖于新技术对化石燃料的使用，它让人类获得了前所未有的力量。加拿大历史学家瓦茨拉夫·斯米尔（Vaclav Smil）在《能量与文明》中是这样描述化石燃料对人类社会的影响的："首先带来了农业生产率和产量的巨大提高，接着，它导致了快速的工业化和城市化以及交通运输的扩张和加速。它带来的信息量的增长和通信能力的提升则更加显著。所有这些发展结合在一起……提高了世界大多数人口的平均生活质量，最终产生了新的高耗能的服务型经济。"与此同时，人类社会的组织能力再一次获得长足的进步。第二次世界大战期间，全球动员了超过 1 亿人参战；沃尔玛在全球拥有超过 200 万的员工；美国波音公司需要与全球超过 2 万家的供应商及合作伙伴协作，才能制造、交付各类航空航天产品；根据 2023 年 UCS[1] 的数据，目前在地球轨道上运转的人造卫星超过 6718 颗，这是一项非常复杂的全球协作。

在人类变得强大的同时，我们也在对地球产生着巨大的影响。在过去的 300 年间，全球人口增长了 10 倍以上，且仍然在迅速增长。克鲁岑在 2002 年发表文章的时候，全球人口为 60 亿左右，而到 2022 年，全球人口已经飙升到了 80 亿。因为化石燃料燃烧引起大气中温室气体急剧增加，2002 年，大气中的二氧化碳浓度达到 370ppm（百万分之一浓度），比工业革命前高 30%；到 2018 年中期，大气中的二氧化碳浓度达到 410ppm 以上，这比工业革命前高了 45% 以上，比过去 80 万年中的任何时候都要高，甚至是过去 300 万年~500 万年以来的最高值。除此之外，与"人类世"相关联的现象还包括生物栖息地减少，混凝土、塑料、核废料等物质出现……这些变化的影响将存留千年或更久。人类活动给地球留下了无处不在且持久的印记，与之前的"全新世"截然不同。人类对地球的影响正在"大加速"。

强大的代价

当我们把人类当作一个集体概念看待的时候，毫无疑问，当今的人类社会比以往任何时候都要强大，但人类个体也比过去强大吗？

---

1 UCS 是 Union of Concerned Scientists 的缩写，意思是美国忧思科学家联盟。

对外物的依赖

《说文·弓部》里对"强（彊）"字的解读如下：本字为"强"，"强，弓有力也。从弓、畺声。""强"的本义为牢固的弓，须用强力才能拉开。也就是说，最初的强大，指的是那些有力气拉开硬弓的人。在上古社会中，那些被认为最强大的人，往往都拥有强壮的体魄，以及准确的判断力和坚定的决心，能够带领族人们找到水草丰美的栖息地，并在氏族内部处事公平，这些也让他们成为部落中德高望重的人。也就是说，个人的强大并非别人所赋予的，而是源于其自身就具有的特质。

然而，这一标准随着社会的日益复杂而失灵。如果把部落首领放到今天的社会，尽管他体格比现代人要健壮很多，但或许还不如一个小区保安强大。之所以是这样，并不是因为保安本人比部落首领还要健壮或更具智慧，而是因为保安拥有这个职位赋予他的权力。也就是说，在现代社会，一个人的强大并非因为体格，而是因为拥有某些权力，或占有某些资源，抑或是某类规则或道德规范的代言人。这样的人有多少呢？几乎每个已工作的成年人或多或少都在扮演这样的角色。社会运行的规则有多个层面，家庭、公司、政府、民族、国家……每个人都承载着由这些规则构建出的多种关系。在家庭中，我扮演丈夫、父亲、儿子的角色；在工作中，我是独立学者；在国家层面，我是公民，依循法律和社会道德规范，履行公民的义务和行使权利。我们每个人都在这张多维、复杂的网络中，既掌握着某些规则赋予的权力或权利，也被规则所支配着。所有人的网络汇聚到一起，构建出一张巨大而复杂的生命之网，我们栖息于此。

从整体来看，这张网非常坚韧；从网中的个体来看，身处大网之中，我们依靠这些规则行事，达成目的，但同时也被这些规则物化了或者制度化了。我们正在变得弱小。人类可以改造周遭的一切来满足自己的需求——移山填海，建立庞大的城市，将矿石、水流、阳光、风力、核物质等转换成可以利用的能量，生产无穷无尽的消费品，改善医疗，提升人类的普遍健康水平……但在工厂中，工人的生物节律要按照机器的节律来进行，而工人却无力抗拒。有很多人从事着重复简单的劳动，因为无法忍受将自己物化为机器和企业追求效率的工具，在对人性失去最后的信心后，选择了结束自己年轻的生命。面对纵横交织的庞大社会网络，人是如此弱小。

多数人认为，只有去占有更多的资源，如财富或权力——成为企业高层或成为政府官员，也就是成为某一层次的规则驾驭者或者制定者，才能实现所谓的自由，摆脱被物化支配的命运。但遗憾的是，人们在努力超越规则的同时，也在努力地参与这张大网的构建。

占有并不会让自己强大。在研究暴力的理论里，暴徒往往需要手持武器或者成群结队，因为他们的内心是恐惧的。暴力本身，并不意味着强大，它只是弱者掩饰恐惧的手段。诺基亚曾因为拥有全球最领先的移动通信技术而自我陶醉，但就在其股价和市场占有率达到巅峰的时候，它被苹果公司颠覆。冷战期间，苏联投入了大量资源发展核武器，构建太空优势，以此来对抗北约。由于将大量国家资源用于这些让自己看起来强大的事物，长期忽视经济发展，国家最终解体。每年总有一些被光环笼罩的天才少年们，因为一次考试失利就选择结束生命。一个人、一个组织或一个社会，越是依赖所拥有的外物让自己变得强大，就越被这些外物所占有，也就变得越发弱小。

在第三章中我们提到了心理学家弗洛姆和他的《存在的艺术》，书中谈到两种生存模式，一种是占有，一种是存在。前者的心智模式通常是"只有……才……"，只有足够好才能被认可，只有拥有足够的金钱才能周游世界，只有老师或父母认可的事情才能去做。所以前者一直处在一种匮乏的状态中，只有从外部获得一些东西，才能心安。后者的心智模式通常是"我是……"，我是勇敢的，我是善良的，我的内心是富足的，我是值得被爱的……这种状态更像太阳，太阳是温暖的，它并不依赖于云朵，我们以自己本来的样子活着。但前者常常看到的是云朵，认为只有云朵散去，太阳才是温暖的，所以他们互动的对象是云朵。这样一来，当人们不相信太阳本来就是温暖的的时候，就会将自己的生命与外在的事物相连接。

当我们把生命寄托于外物时，就会出现一种状况——成瘾。观察一下身边的人们，就会发现周围人群普遍存在着各种不同程度的上瘾——手机上瘾、工作上瘾、恋爱上瘾、刷剧上瘾、购物上瘾……加拿大知名成瘾治疗师加博尔·马黛（Gabor Maté）博士对成瘾的定义简明扼要又发人深省："成瘾是一种让你暂时松一口气、获得快乐，但长期伤害你，导致负面影响，而你却无法放弃它的行为。"从心理学的角度看，我们越是对一些事情上瘾，就越发地远离内在的自己，最终陷入"占有"的黑洞而迷失自我。

穿上盔甲，关上心门

小时候我们都有一颗柔软的内心，因为柔软，所以能够真切地感知这个真实的世界，也能毫不掩饰地展露真实的自己。当我们渐渐长大，在各种规范、规则的"捆绑"下，我们开始学着隐藏真实的自己，尤其是那些所谓的弱点，以此来获得更多外部的认可。这是一种本能的自我保护，这种状态如同一面镜子，折射出社会向孩童们展现出来的世界，那是社会达尔文主义所定义的世界——只有强者才能生存。

从小学开始，甚至更早，孩子们就踏上了一条攀登金字塔的道路。无论怎样"减负"，学生最终都需要通过分数来获得更优质的学习资源。人们认为这几乎是唯一的一条路，因此孩子们必须让自己变得强大起来，以便在这场无穷无尽的竞争中胜出。他们必须隐藏自己的弱点，只展示自己的优点，让自己显得更优秀。但是，这样一来，完整的个体就被割裂开来——他们会憎恨自己身上被认为是"弱点"的部分。为此，我们穿上了一层坚硬的"盔甲"，不让别人发现完整真实的自我。有意思的是，慢慢地，我们自己也忘记了真实自我的样子。成年之后，我们已经习惯了穿着"盔甲"去面对一场场的"战役"。

竞争不仅在学生层面发生，在学校层面更加显现。学校认为，要保持高升学率，这样才不会失去省重点、市重点的称号，才能获得更多的优质资源，得到发展机会。因此，每一个学科的教师都希望学生能够吃透所学内容，于是不停地加码，争夺和压榨学生的时间。学生也不得不接受这样的现实。老师们当然心疼孩子们，但在现实的世界里，老师们似乎选择了默认这样的方式，他们不能展现心疼，否则无法布置这么多的学习任务。于是，老师们变得越来越坚硬、冷漠。我的一位教师朋友告诉我，她不忍心这样做，于是选择不让自己的内心变得坚硬，就放弃了主科教学，去做了不影响学生升学的副科教师。这是她能做的唯一选择。她无法改变教育政策、改变校长，她只能改变自己。遗憾的是，愿意保持内心真实、柔软的教师并不多。很多教师在规训与人性的抉择中，选择了服从要求、隔绝柔软。

当学生与教师选择了坚硬，一个意外的结果附带发生了——我们的感知能力下降了。美国休斯顿大学的布朗·布琳教授发现，脆弱不仅是羞耻感的中心，也是爱、归属感和快乐的中心。当我们穿上盔甲，进行自我保护时，没有人能够伤害我们、利用我们、羞辱我们。但没有了脆弱就没有了爱，没有了归属感，也没有了欢乐。当教师选择了坚硬，表面上看更具有权威，在短期内或许能让学生的成绩有所提升，但教师自己也无法感知到快乐。原因就是他选择了关闭自己对外在的感知系统。经年累月，有一些教师完全活在了自己的盔甲里。当教师停止感知，学生们就需要更大声地"呼唤"才能让教师听到。而那些细腻的情感流动就更难被捕捉到了。这对学生的心理健康产生了危害。当身处教育生活中的人们都躲在这层看似强大的坚硬外壳之内时，我们培养出的孩子不可能适应这样复杂和不确定的世界，他们只会更加脆弱。

遭遇认知门槛

随着人类社会日益强大，今日世界呈现出极其复杂的一面。我们可以试着从两个维度来观察一个系统的复杂性，一个是系统中元素的相关性，一个是自组织性。越开放的系统，元素间相互关联的可能性就越大；一个系统中的反馈越通畅，自组织性就越强。从游牧时代、农业时代、工业时代到数字时代，随着科学技术的发展，人与人之间、组织与组织之间、国家与国家之间各种层次的交流、互动和信息反馈都变得越来越高效；同时，以美元霸权为基础的国际经济格局和全球供应链，让主流国家之间的往来也更加地开放。纵观历史，当今人类社会的大系统呈现出过去无法比拟的高度相关性和自组织状态，这是一个极度复杂和不确定的时代。

但随着世界的复杂性增加，我们逐渐变得没有能力掌控如此程度的复杂。2020 年全球疫情就是最好的写照，它既表明了这个世界的复杂性，又让我们体验到了复杂之下人类社会的无力感。在《守夜人的钟声：我们时代的危机和出路》一书中，作者丽贝卡·科斯塔指出，人类社会的发展速度，远远大于人类认知发展的速度，这将导致文明的停滞。换句话说，人类社会繁荣了 5000 年，犹如一艘刚刚起飞的航天飞船，正在加速航行，试图超越第一宇宙速度，摆脱地心引力，飞向更加自由的太空。遗憾的是，在过去的 20 万年中，人类大脑的进化速度非常缓慢，我们的认知无法跟上社会发展的速度。因此，人类社会的发展速度越快，我们就越发陷入到更大的混乱之中。就如同向天空抛出的石子，上升得再高，终究还是会落到地面上。约束人类社会发展速度的"引力"，不是科技，而是人类的认知。

科斯塔对玛雅文明进行深入的研究后发现，导致玛雅文明崩溃的并不是学者们提出的干旱、病毒、阶级冲突、食物短缺、战争等这些原因中的某一个，而是当这些问题同时出现时，他们想不出办法解决高度复杂的大问题，他们的社会发展程度已经大大超越了他们解决问题的认知能力。一个社会再也想不出办法来解决面临的问题，科斯塔把这种现象称为"认知门槛"。玛雅人最后的崩溃就是无法跨越"认知门槛"，他们所面临的问题的复杂程度超出了他们获取信息、分析事实、创新、计划和实施行动的能力。科斯塔进一步指出，一旦社会遭遇到这种认知门槛，人们就开始将尚未解决的问题留给下一代，直到一个或几个这样的问题最终将文明推到尽头。

人类过去的生存模式大致可以描述为：当问题出现时，用新的技术或方法去解决问题，同时，这也带来了新的问题，然后人们再寻找新的技术或方法去解决这个新问题，如此循环，直到遭遇认知门槛。在不断解决大大小小问题的同时，人类越发地强大，但问题也积累得越来越多。这样看来，我们最大的挑战不是来自环境，而是来自我们自己。如果人们在开发新的技术解决方案时只考虑自己的眼前需求，如果他们不从更大的系统或不能从整个物种和所有后代的角度来看待他们的新发明的影响，他们可能会遇到更加持久和复杂的问题。

我们正处于一个十字路口，过去的生存模式已不再适用，还有什么新路可以选择呢？美国新英格兰复杂系统研究所所长、哈佛大学教授亚内尔·巴尔–扬（Yaneer Bar-Yam）在其所写的《解困之道》（*Making Things Work*）一书中，解释了复杂性构成威胁的原因："根据经验法则，机体的复杂性必须与环境的复杂性完全匹配，如此才能增加生存的可能性。"反过来说，面对复杂的环境，需要机体具有对复杂的适应性，也就是在复杂环境下处理问题的能力。这个能力不是用复杂解决复杂，而是要超越复杂，在更高的维度解决问题。

《孙子兵法》就是在更高维度解决问题的一本"指南"。《孙子兵法》中有云："百战百胜，非善之善者也；不战而屈人之兵，善之善者也。"面对敌人，不断地去战斗，哪怕是百战百胜，也不是最好的解决方案，虽然在短期内有效，但它依然会产生更大的问题——敌人会组织更大的战争力量再次进攻。比组织进攻或反击更有效的方式是"不战而屈人之兵"。这一策略基于对冲突更深入的认识，即冲突之处是双方深度连接的部分。这样一来，解决问题的方法不是用一方的强大压制另一方，而是带领双方走到冲突的底层，去深入理解彼此的需求是如何连接到一起的，这就为"不战"提供了更大的选择空间。华约与北约的冲突更像兵家的传统战术，而"一带一路"更有了"不战而屈人之兵"的味道，是在复杂时代做出的智慧选择。

再看一个例子。"只见树木，不见森林"这句话抓住了关于复杂系统的基本观点：当你专注于一个单一系统或小规模细节时，比如单个树木的生长和发育或某些动物吃什么植物，你就有错过大局的风险。复杂环境中，我们很容易陷入无穷无尽的细节之中，如果你的镜头从一棵树的小尺度拉回到整座森林的大尺度，你会突然发现森林有它自己更高层次的行为。例如，在原始森林中常有火灾发生，如果我们沉浸在对百年古树毁于一旦的感慨上，就无法看到火灾和再生是森林自然行为的一部分。事实上，适当发生的火灾有助于淘汰高龄不死树种，为新树种的生长提供机会，促进树种更替；同时土壤升温会加速有机物分解，释放营养元素和矿物质，提高土壤肥力；另外，过火区域可能会迁入新物种，增加生物多样性。[1] 这就是更高维度的视野和思考。

1　Bond J. and Wilgen W., *Fire and Plants*, Chapman & Hall, 1996.

人类此刻正处于科斯塔所定义的复杂时代的"认知门槛"，我们面临着许多前人曾面临但并未解决的遗留挑战，如环境持续恶化、战争不断升级、国际金融体系走向崩溃；同时，我们也面临着许多前人从未遭遇过的挑战，如全球瘟疫、人口爆炸、AI 对人类教育模式和工作模式的颠覆……当我们的外部世界变得更加复杂时，我们需要升级理解和认知。那么，究竟如何超越复杂、跨越认知门槛呢？

另一种可能

丹麦在卷入拿破仑战争之前，曾在欧洲与英、法三国鼎立，领土版图还包括挪威。然而在 19 世纪前半叶，一连串灾难性事件的发生使丹麦沦为欧洲最小的国家之一。在拿破仑战争中，丹麦卷入英法战争的漩涡。拿破仑战争之后，丹麦于 1814 年被迫签订了《基尔条约》，放弃了对挪威的主权（在这之前丹麦对挪威进行了 400 年左右的统治）。历时 7 年的战争，让丹麦的国民经济残破不堪，整个社会颓废不振。到 1848 年，普鲁士与丹麦展开了持续三年的战争，尽管丹麦赢得了战争，但紧张局势并未得到缓解。在 1864 年发生的新一轮普丹战争中，丹麦军队的抵抗在两次短暂的战役中被普鲁士与奥地利的联合军队击溃，丹麦被迫放弃石勒苏益格（Slesvig）和荷尔斯泰因（Holsten）两地的主权。普丹战争后，丹麦农村凋敝、经济衰落，社会的发展受到了沉重的打击，这迫使丹麦必须寻求方法自救，否则就只有亡国。

19 世纪的丹麦处在一个充满危险的大动荡时期，局势异常严峻与复杂。当时几乎所有丹麦人都认为丹麦领土主权的完整和丹麦国家的独立行将结束。在这样的局面下，在短短两代人的时间里，丹麦不仅带动整个斯堪的纳维亚半岛转危为安，甚至还早早迈入全球高收入的国家之列，并且国民幸福。究竟发生了什么？丹麦做出了怎样的选择？

19世纪中期的丹麦几乎陷入瘫痪，人们急需从内部寻找一种集体认同感来帮助丹麦复苏。同时，政治上要求民主、获得更多的自由，经济上主张大力发展农业、繁荣经济从而改善人民生活的呼声也越来越高。为达到政治与经济改革的目的，以"民众学院"为依托的成人教育运动自然而然地在丹麦拉开了大幕。而拉开这个大幕的就是教育家、宗教改革家、诗人格隆维（Frederik Severin Grundtvig）。

格隆维进入政治舞台，并产生了发展"民众学院"的想法，这在很大程度上是因为受到了19世纪30年代和40年代丹麦和欧洲其他地区政治事件的影响。特别是1830年在巴黎发生的七月革命，在整个欧洲引起了反响，在荷兰和波兰，甚至在丹麦都引起了动乱。经历了动乱之后，格隆维强烈地意识到，为了建设一个更好的国家和更好的社会，必须开启民智、激活民族精神，必须提高民众的公民素质和道德素质，从而奠定民主社会的基础。

为此，他想到了创办一所新的学校，一所"生活的学校"，在那里，"活的话语"将打开人们的心灵。1844年，格隆维创办了丹麦第一所民众学院（Folk High School）。民众学院的使命是启蒙，是唤醒民众，是使人民"活"起来，发展学生"成人的心灵"，学会"爱自己，爱邻人，爱上帝"，"使他们能了解人生问题，而乐尽国民天职"，从而从农民成为公民。

民众学院传统上提供从几周到一年为期不等的课程，民众学院的入学年龄为18岁，很多20多岁和30岁出头的成年人也来此就读。课程各不相同，但通常包括丹麦语和文学、历史、算术、歌唱、宗教、哲学、艺术和工艺等。学院没有考试，也没有证书颁发给学生。学生可以自由选择各种不同的科目和课程。在一个支持性的学习环境中，他们尝试新事物，广泛地挑战自己，从而明确自己有关人生的重要议题，如：

我擅长什么，什么让我热爱，我未来的人生道路会如何，等等。民众学院的发展和办学经费大约有 85% 来自国家补助，尽管如此，学院仍可以自由选择教学内容和教学方法，不受政府控制。

民众学院是要提供真正的自由教育——内心的自由和完整。格隆维对农民学员说："我不是要改变你，而是为你点亮一盏灯。你有你的生活经验，你是与众不同的人。学校只是一个分享经验的地方。学校的作用，是帮助个体完善自己。"经历了这样的教育体验，"活"起来的农民开始自主组织合作社，建立了与土地、财产无关的一人一票的选举制度，它成为丹麦建立民主制度的重要实践。他们认识到民主不仅是一种权利，而且是一种生活方式，包括学习、讨论、聆听、协商和做出决定。

1864 年的战争导致南日德兰半岛被普鲁士占领，这是现代丹麦历史和民众学院历史上的决定性事件。格隆维的"外在的损失，内在的收获"成为 1864 年之后运动的座右铭。从那之后，民众学院的数量迅速增长，到 1870 年已有 50 所学校，到 1880 年，这个数字增加到了 64 所，而到了 1900 年，有 74 所民众学院在运作。1910 年，民众学院达到了 79 所，在校生 6700 人。在那之后，学校的数量在 55 所和 67 所之间波动。入学人数也有起有落，但在 1961—1962 年，它第一次突破了 1 万人的大关。民众学院所教内容看似并不"实用"，但正是这样一种启发民众完善自我的学习体验，让备感迷茫的大众找到了自己内在的指南针。而民众的觉醒让丹麦在复杂的局面下得以渡过经济层面和认知层面的危机，国家得以在工业化的过程中复兴。

丹麦的成功转型，缘于大众的自我意识得到发展，或者说，教育的核心从传统的学习知识，转变为对年轻人内在的唤醒和心智的提升，即通过探索式学习，将发展的重点转向人的内在。这个过程让年轻人在面对工业化、不确定和复杂状况的时候，内心安定，不再慌乱。这种安定意味着愿意开放地探索，让自己的意识得到扩展，而不是在工业化的过程中被固化。这正是丹麦的难能可贵之处。要知道，工业文明是一个重视发展外在的文明，人们在改造世界的同时，随着外部世界的日益强大，它也在侵蚀着人们的内心世界。人们的内在不得不去适应外部世界，我们的内心变得如机器般冰冷和坚硬，进而又塑造更加坚硬的世界。这些坚硬的世界造成了今天复杂混乱的局面。我们需要向民众学院背后的精神学习，在复杂和混乱面前，我们不要去外部寻找答案，也不要用复杂的技术武装自己，而应回到自身，坦诚地面对自己，重新看到自己真实、柔软的内心。看清自己生命的方向，并保持对自己和世界的好奇心，就不会被混乱的外部世界所干扰。此时，问题的答案或方向自然会浮现。

《北欧秘诀》(*The Nordic Secret*) [1] 一书的编辑托马斯·比约克曼（Tomas Bjorkman）曾在 TED 演讲中对以丹麦为首的北欧四国转型经验进行了深入的分析。他指出，当今世界再一次进入到极度复杂的场景中，人们的心智需要再一次被启蒙，否则人们很难在复杂的环境中找到生活的意义。在演讲的末尾，托马斯谈到，人类之所以能够走到工业时代，很重要的原因是人类在大航海时代认识到自己对外部世界的无知，因而人们能够保持好奇心去探索和发现，让人类对世界的认知得到扩展，从而发现了新大陆，有了文艺复兴，有了诸多的发明。今天，我们同样需要承认自己的无知，只不过不再是承认对外部世界的无知，而是承认对我们内在自我的无知。只有我们以一种柔软的状态，带着对自我

1　本书作者为雷娜·R. 安徒生（Lene Rachel Anderson），丹麦作家、经济学家、未来学家、哲学家和教育探索者。她是北欧建设智库、全球建设网络和全球建设日的联合创始人，目前已经写了 20 本关于历史、技术发展、复杂性、经济学、未来和建筑的书，主要探讨现代社会的复杂性，尤其是全球化、数字化和生态挑战对人类未来的影响。——编者注

的好奇，我们才有可能再次扩展意识和心智，才能真正地在这个时代与复杂共舞。

心智的转变

柔软，是人本来的样子

人，生而柔软，只是为了保护自己，心才变得坚硬起来。柔软，是我们本来的样子。做父母的都会有这样的体验，看着刚出生的宝宝，感受到自己的内心被融化，我们变得细腻而柔软。这是因为面对纯真的幼童，我们不再设防，全然敞开自己，我们又一次感受到自己内心原本就有的那份柔软。孩子内心的柔软，唤醒了我们的柔软。

究竟何谓柔软本心呢？

日本曹洞宗禅师铃木俊隆在《禅者的初心》中谈到，"柔软心"就是一颗柔顺、自然的心。他又对"自然"做了进一步解释：自然，简单地说，就是某种独立于一切的感觉，是某种基于"无"的活动。他拿植物生长作为例子：种子并没有"想要成为一棵植物"的观念，它只是与四周的环境和谐相处，把种子的本性表现出来。这种不费力、不强求的状态就是自然。小孩子的生长也是一种自然，他们天生并没有想成为一个科学家的宏愿，他们只是依着生命的力量在欢笑与害怕、喜悦与悲伤中成长，所以他们具有柔软的心。这是一种自身与环境和谐共处的状态，会激发出一颗种子本来就有的潜力，让它成为参天大树或者一株兰草，无论成为什么，它都不造作、不拧巴、不费劲，又生机勃勃，这就是自然。当孩童们在这样的状态下长大，他们就会知道自己要成为什么样的人，那就是帕尔默口中的自我完整。

不得不承认，工业时代以来，能够保持柔软心的孩子越来越少。脱胎于工厂流水线的教育原型让孩子们不得不活在各种各样的标准之中。在教育生活中，孩子们的行为都需要按照某个标准进行，因而是"不自然"的，这在孩子的内心产生了巨大的拉扯。一方面是孩童以内在的"柔软心"去与世界互动的渴望，另一方面是学校机械式、标准化的行为要求对柔软心的否定。对于绝大多数人来说，这场拉扯的胜利者是学校，它依托一个巨大的社会系统，个体无力去抵抗。而那些极少数能与学校系统抗争的人，要么让孩子完全不参与传统教育，要么是传统教育规则的制定者，显然，大多数家长都没有这两个选项。最终，失去"柔软心"的孩子将迷失在重重"标准"的森林里，他们或许要耗费数十年的光阴才能走出森林，甚至一生都在其中徘徊。难怪铃木俊隆禅师对柔软心有这样一句评价："如果你能有这样的心，就能享受生命的欢乐；如果你失去它，就会失去一切。尽管你自以为拥有什么，但实际上你一无所有。"

既然柔软心是我们本来的样子，那么，柔软心不需要到别处寻，但有时需要从外部得到启发。台湾作家林清玄曾在他的散文《修得一颗柔软心》中讲到了日本曹洞宗的开宗祖师道元禅师的故事。传说道元禅师于公元 1223 年到当时的中国南宋寻求禅的真意，空手而来，空手而去，只得到一颗柔软心。许多人认为道元禅师到中国求柔软心，并把柔软心带回了日本。其实不然，柔软心是道元禅师本来就具有的，只是道元禅师若不经过万里波涛到中国求禅，他本身具有的柔软心就得不到启发。

格隆维创立的民众学院就是启发年轻人重新发现自己"柔软心"的场域。格隆维反对任何把目标从内在精神发展转移到外在物质考虑的学习，他反对考试，认为考试是自我的终结。民众学院从来没有考试，他们所做的事情就是将年轻人从重重枷锁中解放出来。在一个没有考试、没有标准的环境中，年轻人通过对话、诗歌、故事、劳动，用几个月甚至一年的时间自由探索生命的意义。这个过程让固着在年轻心灵上的枷锁慢慢脱落，他们重新看到自己内心的渴望，并逐渐发展出真实的自我——它不依赖于任何事物而存在，它是一颗柔软心。

今日世界的问题，很大程度上是由于我们对外部世界的依赖，由此形成了一种彼此塑造的恶性循环，让整个人类和人类社会都处于异化中。随着 ChatGPT、DeepSeek 这样强大的 AI 的出现，以知识、技能的学习为核心的传统教育模式即将走到尽头。当然，如同一艘超级巨轮，在它改变航向之前还有相当长一段减速甚至混乱的旅程，现在正是时候重新将教育的目标调整为发展内在的力量，启发柔软心，发现无须依赖任何外物就存在的自我。我相信这将是产生高阶智慧的基础，是人类社会发展的希望。正如智者泰戈尔在《我的学校》中所说："教育的目的是沿着爱、艺术创造的道路探索和理解宇宙，最终达到幸福；不要死记硬背信息，成为信息的奴隶。"这需要一种全新的教育方式。

以柔软之心，让自我的边界得以拓展

柔软心并不像软塌塌的泥巴。柔软心是一种可以不断扩展的状态。它不同于泥巴或小朋友喜爱的超轻黏土，虽然它们起初看起来是软的，但一旦干了，就变得硬邦邦，有明显的边界。而柔软心则可以随着自身的成长而发生变化，它更像一个有弹性的容器，既包容又超越。

柔软心具有宽广的包容性，因为它没有什么坚硬的部分。换句话说，柔软的状态就是没有坚硬的自我。正因如此，小孩子总是让人感觉到柔软、纯真、可爱……当我们与小孩子在一起的时候，常常有一种被融化的感觉，那个被融化的东西就是坚硬的自我，这是成年人为了保护自己慢慢发展出来的东西。它不是什么坏家伙，它为保护我们而出现，并且固执地认为我们一直需要得到它的保护。这个坚硬的自我，就像一个忠心耿耿的护卫。它的存在，仿佛不断向我们警示着某种危险随时会降临。这个护卫需要让我们以为危险一直存在，否则，我们就不需要它了。这就是自我的游戏，我们常常陷入这样的游戏中而不自知，或无法停下来。

我曾经有机会与一位校长进行深入的对话，过程中她分享了一个自己的故事。这位校长非常优秀，算是名校里的名校长。她告诉我，在担任校长的很长一段时间里，她始终认为，作为校长，她必须有能力解决学校发生的所有问题。因此，在大多数工作会议上，当其他人提出学校面临的问题时，她总是快速地给出解决方案，并将具体工作安排下去。在很长一段时间里，这位校长备感疲惫。她感到自己仿佛是推巨石上山的西西弗斯，每天都有推不完的巨石。在她无法承受这份疲惫的时候，她开始反思自己。在一系列探索之后，她发现她有一个核心假设，即我需要知道所有问题的答案，才能证明我是优秀的校长。在过去很多年里，围绕这个假设构建的"自我"一直在不辞辛劳地"工作"着，它越长越大，越发擅长解决学校里的所有问题。但与此同时，学校管理团队的能力却停滞不前，他们害怕提出自己的观点，担心跟不上校长的思路。当她意识到这些关联的问题后，她开始尝试着在会议上不那么快地回答问题。她告诉参加会议的同事们："我当然可以快速告诉你们一个答案，然后告诉你们这就是我们要做的。但如果我这样做了，我就是在向你们所有人发出一个信号——这是我的会议。但我希望这是我们共同的会议。这是我们在一起的时间，我希望我们一起决定如何利用这段时间。"

逐渐地，同事们开始放松下来，陆续提出自己真实的想法。校长告诉我："在那一刻，我感觉到我和大家有了更深的连接。我们摘下面具，向对方展示真实的自己。"当然，时不时地，校长还是会忍不住快速地给出解决方案，但她会很快意识到这一点，并在会上经常自嘲又在"推石头上山"了。故事的最后，校长渐渐能够从不同的角度去领导。少说，多听，多观察。她不再独自计划，而是与他人共同创造。

这位校长最重要的转变就是放下了过去的假设，不再执着于证明自己是一位"优秀的校长"，并建立了新的心智假设：我接纳自己的不完美，我愿意以真实的自我去领导，这将会带给他人更大的力量。显然，先前那个坚固的"自我"在一点点消融，与此同时，一个开放、柔软、流动、勇敢和生机勃勃的真我在逐渐显现出来。

当坚硬的自我消失了，柔软的真我显现，"恶魔"就无从下口。只有我们柔软下来，这个世界的痛苦才会减少。但想让坚硬的自我消融又谈何容易。我们每个人的大脑都有一种能力，可以忽略痛苦，抑制糟糕的记忆，减轻焦虑，抑制令人担忧的感觉，摆脱关心和责任。情绪防卫者的颂歌是"我不在乎""没关系""这不会困扰我"，或者"随便吧"，这些声音在孩子和许多成年人头脑中回荡。每当我们忽略那些令人不舒服的情绪和记忆时，我们便在外部世界和内在感知之间设置了一层隔离物。这样一来，我们便不会轻易被伤害，但与此同时，这层隔离物也让我们很难感受到爱、归属、热情、悲伤、脆弱等。由此，我们身处悖论之中：我们害怕自己有一颗柔软心，害怕因为自己的柔软而痛苦。但其实正好相反，因为柔软，所以你开放、好奇、善良、真实，它并不是软弱的标志，它给予了你勇气，以及对生命完整的体验。

培育柔软之心，先学会共舞

复杂与不确定常常会引发我们的紧张感，我们常常会选择采取行动对抗或者逃跑，这些保护自我的行动短期内可以消除我们不舒服的情绪，但也让我们一点点穿上自我保护的盔甲，慢慢地，这种反应模式让我们的内心变得坚硬而冷漠。真正有效应对由复杂与不确定所引发的负面情绪的方法听起来有些矛盾，不是通过对抗或逃跑来消除情绪，而是通过拥抱、共舞或喂养。

有一次，有人告诉圣雄甘地，一位英国官员将来拜访他，并会威胁他们，如果不放弃抗议英国盐税的游行活动，甘地就会被关进监狱。甘地的谋士建议在路上放钉子，以戳破官员汽车的轮胎。"你不要这样做，"甘地说，"我们应该邀请他喝茶。"他的追随者们垂头丧气地照做了。

那位官员到达后，神气十足地走了进来，说道："现在，甘地先生，这种所谓的游行必须马上停止。否则我将不得不逮捕你。"

"别着急，"甘地说，"我们先喝点茶吧。"

英国人勉强同意了。然后，当他喝掉那杯茶后，他马上就说："现在我们必须开始谈正事了。关于这些游行……"

甘地笑了笑，说："别着急。再喝点茶，吃点饼干，还有更重要的事情要谈。"

就这样，这位英国人对甘地说的话越来越感兴趣，他又喝了很多杯茶，吃了很多饼干，直到他完全偏离了他的官方任务。最终他离开了，转而支持甘地的事业。甘地用茶作为媒介，这是英国的一种仪式，意味着礼貌和相互尊重。他直接喂养他的敌人，直到对方成为盟友。他的策略是喂养而不是战斗，却促成了历史上最非凡的非暴力革命之一。

甘地用"喂养"的方法去面对外部的敌人，而这个方法对消除我们内心的"恶魔"同样有效。这里所指的"恶魔"是我们内在的焦虑、恐惧、上瘾、愤怒等。"喂养"是一种超越对抗和逃离的方法，将帮助我们发展出柔软心。这种方法传承自1000年前的东方智慧，于20世纪70

年代由美国知名佛教老师苏曲吉·阿里恩（Tsultrim Allione）带入西方，她将其与心理学融合后发展出了一个名为"喂养心中恶魔"（Feeding Your Demons，FYD）的心灵疗愈方法，旨在帮助人们直面内心的困扰和障碍。

阿里恩认为，我们每个人都有内在的"恶魔"，它们是我们内心深处的负面情绪、自我批评、压抑的欲望等。这些"恶魔"可能导致我们产生困扰、痛苦和不健康的行为模式。通过FYD，我们可以将注意力转向这些内在的"恶魔"，并与其进行对话和合作，以实现内在的和解和成长。

在实践FYD方法时，练习者会将内在的"恶魔"形象化，并与其进行对话。通过探寻关于"恶魔"的需求、目的和来源，练习者可以更好地了解自己内心的动机和冲突。然后，通过给予这些"恶魔"关注、理解和接纳，以及满足其真正的需求，练习者有机会实现内在的和解和平衡。这种深入探索内心和疗愈心灵的方法，可以帮助我们认识和接纳自己内在的阴暗面，并通过与之对话和合作，释放负面情绪，改变不健康的行为模式，实现内在的和谐和成长。更重要的是，随着内在的"恶魔"消融，我们也就自然地放松和柔软了。

无论是拥抱、共舞还是喂养，背后的原理都是相似的——只有直面真实的自我，才能够走向光明。有一位年轻的中学数学老师曾经向我分享过他自己的痛苦。他在名校毕业后进入一所省重点中学的初中部任教。作为一名新教师，他天然地对课堂教学失控有很多的恐惧，担心无法有效回应学生的提问，也对自己的教学方法无法赢得学生的喜爱产生焦虑，更害怕教研组听课后给自己负面的反馈。

为此，他每天都会花费三四个小时设计第二天的课程，把每个细节都预先设想到，提前做出详细的预案。虽然每次第二天的课堂教学效果都很不错，可每天都这样做也让他消耗了很多能量。问题是，这些能量的消耗与学生的成长关系不大，更多只是为了让他站在讲台上更有安全感。他控制好每一个教学环节，没有给学生太多自由探索的空间；他采取多样化的教学方法，只是让学生喜欢自己的课程；他设计一些有新意的教学亮点，只是为了给教研组惊喜。这位年轻的教师告诉我，他很痛苦，虽然看上去得到了不少认可，可他的内心是煎熬的。他清楚地知道，这不是他渴望的职业状态。

针对他的困扰，我和他进行了一些探索。他发现，每天晚上他的内心焦灼而慌乱，仿佛一个荆棘丛，不断地搅扰自己去反复确认每个教学细节。这个内心的荆棘丛的存在是为了保护他不被别人的评价所伤害，也是为了保护他的自我价值感。可事实上，一个人的价值感并不源于他人，甚至也不源于自己，一个人的存在本身就是有意义的。当他开始意识到这一点时，他便多了一些勇气去面对自己内心的焦灼和慌乱。有意思的是，当我引导他把注意力放在内心的那种不舒服的感受上时，慢慢地，它们却变成一股热流消失了。他告诉我，直面内心的不舒服或者"恶魔"，好像也没有那么可怕，他愿意试着去拥抱它们。在多次练习后，他的教学状态有了转变，他不再把主要的注意力放在如何让自己感到安全上，而是更加关注在教学中激发学生的生命力和学习力。

所有内心的"恶魔"，都是未被允许、未被看见的自我。我们越是与"恶魔"对抗或逃离它，我们的自我就越强大，而真我就越弱小。解困的唯一方法就是去关爱它，看见它，与它在一起。如此，坚硬的自我会慢慢融化，我们得以孕育出柔软之心。在这个时代，孕育一颗柔软心是一条少有人走的路，但它会让人们敞开心扉，完整而真实地活着，这不正是教育所追寻的方向吗？

如水的教育

以柔软之心做教育，就如水一般，利万物，居善地，近乎道。老子在《道德经》中谈到了水的特性：上善若水。水善利万物而不争，处众人之所恶，故几于道。水甘居下位，滋润万物而不居功自傲；宽广包容却又无声无息；清静无为而又无所不为；看似柔弱，却"攻坚强者莫之能胜"。我相信，以这样的柔软心做教师，办教育，也必将孕育一颗颗柔软之心。当学生们带着这份柔软与复杂、不确定的时代相遇时，他们将不会苟活，而是与时代共舞，活出精彩而绽放的人生。

利万物

如水的教育是开放的、包容的。水没有固定的形体，随着外界的变化而变化；它没有固定的色彩，"染于苍则苍，染于黄则黄"；它没有固定的居所，沿着外界的地形而流动、变化，或为潺潺清泉，或为飞泻激流，或为奔腾江河，或为汪洋大海。正是因为水的开放，它才能不拘泥于形式而包容一切，利于万物。教书育人，也不能拘泥于固有的形式，教师需要搭建一个开放的场域，允许多种多样的元素成为教学的资源。天地万物皆可用，谁说错误、失败、愤怒、悲伤、争吵不能是学习的一部分？允许学生多元，也允许自己多元，不仅为人师表，也敢于承认自己的不完美，展现自己的脆弱。更为重要的是，教师不拘泥于熟悉或固有的方式去教学、认知和回应学生，而是随时保持好奇和无知，去感知每一个当下，并在那个时刻采取适当的行动进行教学。

如水的教育以柔软的方式滋养心灵，推动转变发生，所谓润物细无声。泰戈尔曾说，"不是铁器的敲打，而是水的载歌载舞，使粗糙的石头变成了美丽的鹅卵石"。教师如水，教师以内心的爱与深切的关怀，让教育成为载歌载舞的水。这股力量是绵绵不绝的，它并不是教师从哪里借来的力量，而是教师本来就有的。它像母亲的手，任何时候你都可以感受到那份温柔。我相信，柔软的教师是装不出来的，那种内心的开放、温暖、自我接纳与对生命的热爱无法假装。这就更加需要教师以真我去教学，这正是这个时代所缺乏的，因而柔软的教师非常珍贵。

居善地

水滋润万物却无取于万物，且甘心停留在最低洼的地方。如水的教育亦是如此，它要求教育者学会像水一样"放下"自我。教学的目标不是成为名师，也不是获得学生、家长、同行的尊重，而是服务于学生，助力他们成为真实、完整、独立的生命体。

在这个过程中，教师需要学习水的特质"居善地"，即能够停留在适当的位置，它不一定是最好、最高的位置，甚至还可能是别人最厌恶的地方，但这个地方一定是教师能够最有效地支持学生成长的位置。这就要求教师跟随学生成长的过程来调整自己的角色。有的时候教师要扮演主动引领孩子们前行的领导者，有时候又要成为无话不说的亲密伙伴，还有的时候，为了保护学生的自尊，教师需要装傻充愣，甚至为了学生的发展，还要放弃有利于自身的一些机会。这就需要教师内心恬淡自然，为人谦逊，不患得患失，以助力学生成长为最高目标。这个目标非常有力量，它犹如河流冲破一切阻碍流向大海般坚定而磅礴。

有人说，那我想要成为名师难道就是错误的吗？每个人都有自己的需求，追求成为名师当然无可厚非。只是你要知道，水之所以能"居善地"，之所以能汇聚磅礴的力量，就是因为它只有一个根本的目标，那就是去往大海，心无旁骛。同样，身为教师，如果我们只基于服务于学生的生命成长这一个根本性的出发点去工作，我们同样可以拥有很大的能量。如果成为名师能够激励更多的年轻教师，为学校培育出更多关注学生生命成长的优秀教师，这与教师的根本目标高度一致，自然是一件值得努力的事情。

如水的教育背后一定有一位柔软的教师，他/她开放、真实、善良、勇敢、纯真、热爱生命。他是《放牛班的春天》里拯救少年心灵的音乐教师克莱门特，他是《死亡诗社》里歌颂自由的教师约翰·基廷，她是《音乐之声》里的家庭教师玛利亚，他是《心灵捕手》里帮助问题少年敞开心扉的教授西恩……不要害怕在这个残酷的世界里做一名柔软的教师，世界之所以如此坚硬，就是因为人们封闭情感、善良和关怀，以保护自己免受痛苦。然而，如果我们都不再柔软，世界的痛苦将永远不会停止。

生命短暂，我们的一生不应该活在自我保护的躯壳当中，我们的灵魂不应该如此沉重，我们要放下阻碍自己前进的恐惧和痛苦，没有什么能够伤害一个内心真正柔软的人。

因为柔软，所以我们愿意敞开胸怀接纳所有的学生；

因为柔软，所以我们愿意为自己和学生的成长留出空间；

因为柔软，所以我们需进则进，需退则退；

因为柔软，所以我们不纠结，不拧巴，做纯粹的教师；

因为柔软，所以我们能够全然地感知当下，对学生提出恰当的问题，或愿意在沉默中等待；

因为柔软，所以我们愿意开启对彼此的理解，让复杂的问题有解决的机会；

因为柔软，所以我们能够畅快地欢笑和流泪，也能接受并不完美的自己。

……

柔软的教师，如水的教育，究竟会为这个时代带来什么？这个问题只有留给那些真正的实践者来回答了。

每章十问

1. 柔软是否就意味着弱小？坚硬是否就意味着强大？

2. 如何让自己保持一颗柔软心？

3. 当你穿上盔甲的时候，问一问自己：我为何要保护自己？它们真的能够伤害我吗？

4. 卸下盔甲，你本来的样子是什么？

5. 如何让孩子们以真实的样子学习？

6. 自我往往是坚硬的，放下自我，你就柔软了，可又要如何放下自我呢？

7. 所有内心的"恶魔"，都是未被允许、未被看见的自我，去看见它，关爱它，与它在一起，坚硬的自我会慢慢融化。回想自己的一次看见吧，你有什么发现？

8. 朗读第六章最后9个自然段，即从"生命短暂……"到结尾，你有什么感受？

9. 柔软的教师，如水的教育，你有哪些实践或感悟？

10. 当你退休的时候，有人问你是一名怎样的教师，你会怎么回答？

第七章

踏上转变的旅程

一个人向内走得越远，同时他向外走得也越远，他也就越能以更宽广的视野包容更深层的认同。

——肯·威尔伯

我们身处在一个中间时代，既不属于上个时代，也不属于下个时代。这个时代存在的意义就在于为过去和未来搭建一座桥梁。400年前的17世纪就是这样一个时代，那时搭建的是理性主义桥梁，从而让人类迈入了现代世界。今日我们要搭建的是心智进化的桥梁，人类在未来最需要的能力不是学习知识的能力，而是心智进化的能力——不断升级我们对自我、他人和世界的认知和理解。只有这样，我们才有机会真正解决当今世界面临的问题，抑或不再走过去的老路。

前面的五章详细介绍了教育工作者需要转变的五种心智，在本书的最后一章，我们将谈一谈如何踏上心智转变之旅，并尝试用非常东方的视角来理解五种心智。人类集体的转变当然艰难，但作为个体，只要你踏上这条自我超越之路，任何时候都有转变的可能性。

谈到"旅程"，我想从自己的一次徒步说起。10多年前，我与几位朋友相约徒步尼泊尔安娜普尔纳小环线（Annapurna Base Camp），那是喜马拉雅雪山地区最受欢迎的徒步线路之一。我们用了8天时间，穿越了森林、河流，路过了雪山、草地，回想起来，我有三个发现。第一个发现是，我们每天都要耗费很大的力气爬山，直到走到山路的最高处，本以为就要结束一天的旅途，结果却是要继续下山，然后再开始爬下一座山，起起伏伏，仿佛西西弗斯一样，一遍一遍地经历同样的折磨。但

教师的进化

当一天结束，我回顾走过来的路时，其实心里有蛮多喜悦的，并且坦然接受明天还要经历"磨难"的事实。就是去经历，经历没有好与坏，它们都在帮助我成长。

第二个发现是，虽然是和伙伴们一起爬山，但徒步的过程是孤单的。因为在大多数的时间里，你都需要慢慢感知自己的状态，按照自己的节奏前行，尤其是在高海拔地区，你不能因为别人走得快，你就也要走得快，你也不能因为体能好就去逞能，去争第一。当每个人都按照自己的节奏行走时，你会发现，大多数时候你是一个人走在山路上，陪伴着自己的只有喘息声和内心的独白。

第三个发现是，长时间的徒步旅行是一件很辛苦的事情，每天我累得像狗一样瘫在简陋的床铺上，但第二天仍然会挣扎着起来继续向前，我想，这是因为我知道自己要去哪里，同时，那也是我所渴望的方向。

去经历，享受孤独，找到生命的方向，这三点，对于我们踏上心智转变的旅程很重要，所以，在踏上转变之旅的时候，请在此时此刻问一问自己：

- 我为何要转变？
- 我内在渴望的变化是什么？
- 我愿意接受成长过程中可能经历的痛苦和孤独吗？
- 为了实现自己的转变或成长，我愿意对自己承诺什么？

对于前两个问题的答案，很多人在踏上这条内在探索的旅途时还不甚清晰，但总能感到有一些召唤让自己义无反顾地踏上旅程。如果是这样，我相信随着不断地前行，这些问题的答案会逐渐明晰。对于后两个问题，你可以花一些时间去感受和沉思，也可以阅读本章后面的内容，以此了解这条道路大致的样子。

缓慢地转变

就在几十年前，科学家认为，在青春期之后，大脑不会有太多变化。一个人可以学习新的技能或知识，但是像个性、倾向、信仰等更微妙的品质被认为是相对固定的。然而，我们现在知道，大脑以及它帮助创建的心智可以在整个生命周期中发生变化，并根据生命中的各种经验不断更新对世界的认知模型。虽然随着年龄的增长，改变可能会更加困难和缓慢，但是改变的能力和可能性始终存在。

知名的神经科学家温迪·哈森坎普（Wendy Hasenkamp）教授描述了习惯是如何形成的，并帮助我们理解为什么惯性模式的转变会如此缓慢[1]：

我们的神经系统专门用于传递信息，这个功能通过发送和接收电信号和化学信号来实现。在细胞层面上，神经元通过加强经常使用的连接或削弱不常使用的连接来影响我们如何对外部世界作出反应。神经连接存在着非常复杂和动态的模式。在生活中，一个特定的经历不仅会激活某一个大脑区域，而且甚至会激活大脑和身体中高度分布的神经元和其他细胞网络。这些网络的元素涉及感觉、思想、情感、运动、内部身体调节等方面。这些系统并不是分开运作的。我们可能认为它们是独立的——很可能是因为它们在实验室环境中被单独研究，这种人为的分离已经渗透到我们对心智如何工作的概念中。但在现实世界中，思想、情感、身体状态和行为都混在一起。因此，当一个像这样的分布式网络被反复激活时，它的各个元素之间的联系会更加紧密。经过几天、几个月、几年的时间，这

---

1 Wendy Hasenkamp, How Changing the World Begins With Changing Our Minds. Mind&Life Institute, 2022.

些模式就成为我们所认为的习惯的生理基础。

这里的关键点是，在连接紧密的神经元或大脑回路中，神经信号将更容易流动。因此我们的身心系统能够通过练习变得更有效率——它可以用更少的输入产生同样的输出。这就是为什么习惯是有用的。一旦我们认为当下的情况与过去经历的情况类似时，我们通常会遵循习惯展开行动。从生理学上讲，我们可以想象能量如河流般流经我们的身心系统，水会沿着阻力最小的路径流动——那些已经被雕刻过的路径，比如河床——神经信号也倾向于通过那些已经被使用过很多次的大脑回路。例如，你每天不用费多大力气就可以完成刷牙或是系鞋带的工作。但在最开始，你需要付出相当多的努力和重复才能学会这种技能。经过大量的练习，你系鞋带的回路已经非常牢固地连接起来了，并且只需要很小的努力就能激活。你甚至都不用去想，这是习惯性的。所以习惯——这些神经生物学上的捷径——是一件很棒的事情。它们帮助我们有效地在世界上生活，并且不需要付出太多的认知努力。但它们也可能是有问题的，尤其是在外部世界发生快速变化的时代，习惯往往会成为我们适应变化的阻碍。

越是不用付出认知努力的惯性模式，就越难以改变。跟随哈森坎普教授的比喻想象一下，这就好比要让一条大河改变河道，无疑需要付出很大的努力才行。一些研究发现[1]，改变习惯时，大脑中的神经回路可能

1　这些研究包括：

① Neal, D. T., Wood, W., & Quinn, J. M., Habits—A Repeat Performance. Current Directions in Psychological Science, 2006.

② Lally, P., van Jaarsveld, C. H., Potts, H. W., & Wardle, J., How Are Habits Formed: Modelling Habit Formation in the Real World. European Journal of Social Psychology, 2010.

会出现抵触反应，这导致了改变习惯更加困难。研究人员使用了 fMRI 技术来检测大脑中的活动，被检测者尝试改变习惯时，大脑中的前额叶皮质和纹状体区域会变得更加活跃，这表明大脑中的神经回路正在适应新的行为或思维模式。然而，研究人员还发现，在改变习惯时，大脑中的杏仁核和海马区域也会变得活跃起来。这些区域与情绪和记忆有关，可能是因为改变习惯会引起负面情绪和记忆的影响，从而导致大脑中的神经回路出现抵触反应。

马克·吐温对于改变习惯的认知是清晰的："习惯就是习惯，谁也不能将其扔出窗外，只能一步一步引它下楼。"想要放弃旧的思维模式或习惯，不能将其毁灭，而是需要形成一个新的更强大的路径来取代它。研究表明，我们的大脑需要 2~8 个月持续有意识地训练，才能养成一种新习惯，以及"忘记"一种旧的思维方式。达斯汀·桑德里（Destin Sandlin）是 youtube 上的一名播客，他的视频"逆向大脑自行车"就向我们展示了成人如何改变大脑中的"河道"。他自制了一辆特殊的自行车，将左手和右手对方向的控制完全颠倒过来。在视频中，没有练习过这种控制方式的人骑出去不到 3 米就必定会失去平衡，每个尝试者的协调、平衡系统完全被扰乱。达斯汀本人更是用了足足 8 个月的时间才忘记了原有的也就是通常意义上的自行车骑行方法，并学会了新的骑行方式。达斯汀的视频不仅证明了神经可塑性的存在，也再次证实了想要转变惯性模式或固有的大脑回路，需要足够的耐心和时间。

不升不立

2400多年前，柏拉图在他的巨著《理想国》的第七卷里讲述了一个关于洞穴的故事。有一群囚徒被囚禁在一个洞穴里，他们从出生就生长在这里，从小到大都被锁链锁住双手，也不可以回头，只能看着洞穴里的墙壁，而墙壁上映着一些影子。在这群被困的人的身后，则有一条通道，这条通道是可以贯通整个洞穴的。在这条通道的旁边有一堵墙，这堵墙并不高，大概跟木偶戏的屏风一样高。外面的人背着各种各样的工具和器械走过这个通道，火的光亮把这些影子照射到被困的人眼前的墙壁上。因此，这些被困的人就以为这些影子是这个世界上唯一真实的事物。的确，影子反映了那些人对世界的一种理解，但信息非常有限。然后，有一个被困的人被释放了，他回过头来，看到了身后世界，才知道世界真正的样子。有意思的是，尽管他看到了新世界，但并没有否定过去的世界，墙上的影子也成为他看到的真实世界的一部分。

在电影《黑客帝国》中，墨菲斯告诉尼奥："你一生下来就活在一个心灵的牢笼之中。"这句话并没有科幻的意味，因为现代人亦是如此。我们就是现代版洞穴故事的主人公。而心智成长的旅程也如同洞穴人走出洞穴。心智的成长并不是要否定过去，而是去到一个更高的维度，将原来的局面也纳入新的视野中，而因为看到了更加完整的世界，我们自然不会再次陷入固有的认知当中。

当然，也有一些人把心智的成长或进化当作一种对过去的逃离，这样就又回到了原来的维度，依然身处在"要么这个、要么那个"的二元分离的状态。例如，当我看到自己的固有模式时，我严厉地谴责自己：我不喜欢我的拖延，我需要做得更好，我好失败，我又把一切都搞砸了。这样一来，我把"不好"的自己封存起来，扔到一边，这是对自

一位学生根据《理想国》中的洞穴寓言画出的柏拉图的洞穴

我的逃离，也阻止了深入了解自己。这本身就是另一种固有的模式。自我否定、逃离或排斥的观念让我们无法完整地看待自己。就好比一棵树，认为自己过去没长好，要砍掉过去几年长起来的部分重新再长，然而，当砍掉之后，这棵树便已经不再完整。对于人而言，我们也没法砍掉自己的某一部分。将过去的经验转换成田野的肥料，这本身就是我们的练习。

心智成长的目标是超越自我，而不是回避自我或者打压自我。这意味着我们需要去了解自我。你通过练习看到了自己的痛苦，这会让你自己很不舒服，但因为你觉察到了痛苦的源头，在与它相处的过程中，痛苦也就慢慢消失了。这就像你的肉里扎了一根刺，一开始你装作它不存在，但你总是会在做事的时候感到疼痛，于是你决定搞清楚它到底在哪里。你用针挑来挑去，疼痛难忍，你拔出那个刺后，还是会疼一段

231

时间，但慢慢地，你不会再受到刺的折磨。所有的练习都从此时此刻开始，从直面自我的那一刻开始，而不是从对过去的否定开始。

由此，我们不妨换一种视角，把惯性模式当成想保护自己的朋友，它出现的时候往往是想保护我，我拍拍它，也谢谢它，我可以告诉它："这一次我想自己来，你可以好好地休息一下，我要直面这些不舒服。"真正的进化是一种超越。这里的超越不是横向的打破——推倒一堵墙或打败一个怪物，而是一种升维。所谓"不升不立"，这是在顺应更高层次的法则，超越喜好的法则。这种情况在心智成长的过程中很普遍，也很必要。

带上好奇心

我们的大脑有时被描述为"预测机器"，我们会根据过去的经历无意识地预测人们的行为并以此作出自己的反应。它是我们的快捷机制，帮助我们过滤每天被轰炸般受到的无数刺激并将其分类。在某种程度上，这是必要的。例如，我们预测，当交通灯变成绿色时，前面的汽车可能会开始移动，为此，我们会做好启动汽车的准备。但我们也会因此基于经验快速地得出结论，并按照结论去行动。这样做会产生一个很大的问题：当我们认为自己对某件事情已经完全知晓，我们就失去了好奇心，从而就不太可能让新的改变发生。我女儿就经常对我说："你不要总是一副什么都知道的口吻。"

为了让心智成长的这个旅程更有趣一些，也为了让改变真正发生，我们需要带上好奇心。好奇心是人类非常重要的一项能力。它可以让我们变得开放，从而能够去体验悲伤、焦虑或任何其他困难的情绪。在好奇心的帮助下，我们更有可能打破旧的惯性模式，建立新的心智模式。这里谈到的好奇心不仅是一种求知欲，而且是一种带有觉察的实践，不带评判地、开放地关注我们的情绪，目的是更多地了解自己。

在面对问题的时候，我们常常喜欢问为什么。当然，这是有用的，但也会让我们陷入一种用逻辑分析的陷阱中。好奇心则让我们以一种更加开放的状态去认识事物，承认事物。这是一种不回避、不忽视或不否认的体验意愿，从而让我们能够得到直接的体验。好奇心关心的不是"我"，它关心的是问题本身——这是什么？在心智探索的过程中，我们会产生很多关于"我"的想法——为什么总是我；我是出于好意才这样做的，你们误解了我；除了这样做，我没有别的选择……好奇心使我们开始转向，从回避到接近，帮助我们看到这些想法，然后帮助我们探索自己身心的感受（而不是试图修复或改变它）。如果你陷入了担心或自我评判的惯性模式，好奇心可以帮助你走出这个循环，它以一种简单的关注当下的方式，让你的思想不再陷入习惯性的自我评判。好奇心会让你后退一步，看看你固有的心智模式是什么。不管你经历了什么，好奇心都能帮助你以一种不带评判的方式活在当下，还能带来一种有趣甚至快乐的态度。

用正念发展觉察

现代心理学范畴里的"正念（Mindfulness）"概念最初源于禅修，是从坐禅、冥想等练习中发展而来的。在欧美，"正念"就好比一个当红的主播，带货能力极强。研究人员喜欢它，健康时尚博主喜欢它，企业高管和体育影视明星也喜欢它，所以他们发展出了正念跑步、正念吃饭、正念育儿、正念开会等各种所谓的正念练习，几乎可以装备一个正念超市。因此"正念"这个概念也被搞得五花八门、含混不清。

那么，究竟什么是正念？我们引用目前广受生命科学界认可的定义，它出自正念减压疗法（MBSR）创始人乔·卡巴金博士（Jon Kabat-Zinn）：正念就是觉察，就是有意识地将注意力放在此时此刻，对当下的一切不作任何评判、任何反应。

举个例子，有的人吃饭的时候满脑子想的都是工作，连勺子里的汤洒到身上都意识不到。这就失去了对自己的觉察，这不是正念的状态。通常，我们越是心里有事，就越是焦虑，越是压力大，这种状况就越是常常出现。那么正念的状态是怎样的呢？是你在盛汤时，觉察到自己的头脑中浮现了很多关于工作的念头，你不会被这些念头带跑，沉浸在工作中，而是能回到盛汤吃饭的这一刻，认认真真吃饭。对很多现代人来说，带着觉察，关注到此时此刻自己的身心状态而不被自己的冲动、想法和情绪带跑，是件很不容易的事。我们总是处在多个系统同时运作的模式中，但哪一个都无法专注，非常耗能。关键是，我们还常常没有觉察到。

正念起源于东方传统。40 年前，美国 MIT 分子生物学博士、马萨诸塞州医学院的荣誉医学博士卡巴金开创了"正念减压疗法"，他将传统正念练习的精髓与当代心理学实践相结合，用于缓解现代人的身心压力。在卡巴金博士的影响下，正念逐渐形成了席卷全球的热潮。

那么，正念练习究竟在练习什么呢？有半个世纪正念练习经验的心理学家约翰·威尔伍德（John Welwood）曾经说过，我们练习在不改变外在环境和内在状态的前提下，发展自己的觉察力和专注力。这个前提非常重要，我们没有办法给外部世界静音，我们要练习的是在噪声中聆听，在沟沟坎坎中前行。

这里说的专注，不是指聚焦地盯着什么，而是放松地留意。因为放松，我们感受到了稳定和平静，在放松中留意，我们的内外部世界会变得细节丰富而且清晰。而觉察，指的是360度无死角的感知和看见，它带来的是辽阔的空间感和无尽的可能性。当这两个能力得到提升时，无论是遭遇痛苦还是经历喜悦，我们都能在头脑、心灵和身体上有完整的体验，我们的生命也就有机会在各个维度得到成长。

然而，我们通常都不喜欢"噪声"，要么远离要么对抗。比如，当别人给我提反馈意见的时候，我总是要为自己解释或认为别人根本就不理解自己，整个人是紧张、关闭和防卫的状态，因而失去了从别人的意见中获得灵感和成长的机会，更谈不上发展觉察和专注力了。所以，要想让自己的生命能够在真实的生活中得到成长，首先需要学会以放松的状态面对"噪声"，而这正是正念练习的价值所在。

为什么正念练习会有助于放松身心，让自己不被"噪声"带跑呢？正如第二章中我们曾提到的，大量的研究发现，大脑中的杏仁核是我们大脑的压力回路中一个关键的节点。杏仁核是产生恐惧、担心等情绪的源头。它的功能就像雷达一样，快速扫描我们对外部世界的感觉，并判断这种感觉是安全的还是有威胁的。如果感受到威胁，它就会触发大脑作出"僵住不动""战斗"或"逃跑"的反应。杏仁核具备的这种雷达功能，让我们把注意力放在它认为可能会产生麻烦的事情上。

杏仁核的这个功能，积极的方面是让我们非常专注，对危险随时保持警惕，但给我们带来的麻烦是，当有事情令我们担心或者烦恼的时候，我们就会反复琢磨，甚至产生更加强烈的情绪，如紧张、焦虑等，让我们很难放松，工作中的专注力也因此下降。当我们陷入这样的情绪中时，我们整个人的状态是紧绷的，我们思考问题变得狭隘，解决问题的方法变得没有创造力，甚至困在焦虑里不知道该如何行动。

那么，正念练习会怎么帮到我们呢？科学家对正念练习者进行持续的检测发现，练习者进行正念练习30个小时左右就显示出其杏仁核的活跃度显著降低。杏仁核不那么活跃了，我们的注意力就不会总放在那些让我们担心和烦恼的事情上，也不会总是自动进入焦虑的情绪之中。这个时候，我们就可以变得更加从容和放松，有更大的心理空间去迎接压力和挑战。

这些研究还表明，如果长期坚持练习，这样的变化有可能成为我们的性格特质。也就是说，不仅在做正念练习的时候杏仁核的活跃度会降低，而且即使在日常状态下，长期进行正念练习的人的杏仁核活跃度也会比普通人低 50%。当我们在放松的状态下，不逃跑也不对抗，我们的觉察和感知的能力就会显现出来，如同乌云散去，阳光普照大地，我们就有机会看清楚事情本来的样子，也能更加深入地理解自己是怎么回事。这样的状态为心智突破提供了可能性。建议大家将正念练习作为核心练习纳入到心智成长的过程中。

心智与五行

最后，我尝试用非常东方的视角来探索这五种心智的转变。

五行是古人对世界上所有事物的抽象划分。五行概念首次完整而清晰的出现可以追溯到 2500 年前的《尚书·洪范》[1]中的记载："五行：一曰水，二曰火，三曰木，四曰金，五曰土。水曰润下，火曰炎上，木曰曲直，金曰从革，土爰稼穑。"其中，后半句的含义为：水性向下润湿，火性向上燃烧，木性可曲可直，金性顺从人愿改变形状，土性可种植百谷。《尚书·洪范》对五行的描述，主要是从公共生活中的实际用途出

---

1 《尚书》，中华书局，2012。

发。后世对五行研究最好的范本则是隋代萧吉所著的《五行大义》[1]。萧吉在书中将时空、时辰、五官、脏腑、音韵、德目等都统一在一起，创造了一个用五行表述的整体世界。《五行大义》中曾谈到"五行同胎"，它的含义是五行出于同一个本源，五行之根都是天地阴阳之气，阴阳之气进一步分化，便形成五种气，进而孕育出五行。《五行大义》中还谈到"五行同时"，这也是一个重要的观念，它指的是五行作为五种运行状态是同时存在的，只是因为时间与空间的不同，木、火、土、金、水所处地位不同，才有了王、相、休、囚的区别。

"同胎"和"同时"这两种认知，与心智光谱（见第一章）是颇为相似的。心智光谱右栏的五种状态并不是独立的，它们都是对当下世界的解读，只是视角不同，但源头则是这个世界整体。而作为立于世间的人，作为这个大系统的重要元素，我们也被世界的五种面向所影响，这五种面向最终汇聚于我们完整的生命之中，形成了五种心智。它们同时存在着，只是在面对不同的场景时，展现出来的主导心智有所不同。或因为在一个人的生命成长阶段中，有一些心智尚未浮现出来，因而也无法展现和运用。

有了上述的关联，接下来，我尝试用五行的概念对五种心智做一些解读。希望借用古人的智慧，从东方的视角为我们今日的思考带来一些启示和灵感。在解读之前，首先要说明一点，五行作为一种抽象概念对应到具体的事物上，其呈现方式是多种多样的，本书中提出的五种心智也只是其中的一种对应关系，绝非想要穷尽和完整表达。换句话说，仁者见仁，智者见智，或许智慧的读者会提出与五行对应的其他心智。

1　萧吉，《五行大义》，中华书局，2022。

开放与木

《素问·五运行大论》中对木的特性有这样的解读："木生于春，长于夏，收于秋，藏于冬。其性温，其味酸，其色青，其臭腐。其位在东方，其性为仁。"[1] 在这句话中，木被描述为生命的萌发和生长，其特点为温和、柔韧、伸展、包容和生机勃勃。《尚书·洪范》中对木的属性强调的是"曲直"。曲直的意思是木既可以弯曲，也可以平直。唐代诗人元稹的诗《赛神》中有一句"岁深树成就，曲直可轮辕"，其中"轮"指的是圆形的车轮，"辕"指的是车厢前架牲畜的直木杆，说的就是木的可曲可直。

木之所以在一年四季都能够生长，很重要的一点就是它不挑不拣。木对这个世界是开放的，降雨、刮风、下雪……它都能从中吸收养分或者为成长做好准备。生长条件好的时候，比如春天，木就充分地吸收，自然就长得快一点。生长条件不好的时候，比如冬天，它也不会逞强一定要去发芽，而是为下一次生长做足准备。但木的开放并非一味的、单纯的开放。木有一部分在地下，是它的根系，为曲为阴为柔，而另外一半在地上，是它的枝条，为直为阳为刚。地上地下，刚柔相济，相互配合，顺应天地自然之道，因此木才能生长、开花、孕育果实。木有更深层次的目标，是服务于生命的成长。正是因为有了这种内在的目标，木才能将外在世界发生的一切转换为资源。一位大德曾经写过这样一段话：

> 开放不是要给予别人什么，
>
> 而是愿意放弃自己的要求，

---

1 《黄帝内经》，中华书局，2022。

及其背后的基本标准……

是学习信任这个事实：

你无须固守己见，

你可以信赖自己根本的富足……

你有能力敞开……

这就是开放的方式。

这段话中谈到的"根本的富足"就是我们内在探索的方向：发现自己内在的富足，并由此成长为一个独立、自由、完整的生命。

木行要顺应天地自然之道，需要有很好的感知力，这样才能知道什么时候该发力，什么时候该蕴藏。因而发展开放的能力也需要提升自己的感知力。我们人类对恐惧和未知有着深入骨髓的自动反应，如果我们不去感知，即使我们头脑中认识到应该开放，在面对未知和不确定的时候，我们的身体也会作出封闭和控制的反应。而感知的提升则会帮助我们认识到自己的身心状态，从而不被恐惧、焦虑的情绪左右，进而做出智慧的选择。

富足与火

"火曰炎上"。火展现出来的样子是明亮的、光明的，它代表了阳性能量——活力、热情、创造力，蕴含着积极的能量。这与富足的心智状态有着深刻的连接。富足并不意味着拥有外在的财富，而是代表着一种生命的丰盈，这种丰盈意味着对完整自我的接纳和拥抱。它是一种大大方方的承认和看见——承认那些并不完美的真实存在。在匮乏的状态下，我们通常会将这些不完美隐藏到黑暗之中，害怕被人看见，更准确地说，是害怕被看见后自己产生的那种羞耻、难堪和不安，慢慢地，成为我们的人格阴影。我们通过"打扮"自己的方式让自己看上去更美，我们戴着"人格面具"而活，而那些不完美的真实自我则被深深地隐藏起来，隐藏在身体的某个地方，在意识的某个角落里，那里黑暗又冰冷。十几年甚至几十年之后，那个地方天寒地冻，所以我们需要"火"的能量，将其照亮和融化。

东汉班固所著的《白虎通》，认为火的意义是"化"。通过"化"的方式让事物发生深刻的变化。那么，火的"化"是如何实现的呢？"火"所谓的"化"是指以其光明、阳性的能量，让万物由阴变阳，阳气用事，阳性上行，从而让事物发生变化。当我们敢于去面对自己的那些阴影人格或不完美，允许它们示人，就如同将冰块放到温暖的阳光下，温暖的阳光就会融化冰封的表面，露出真实的自我。如此一来，我们便可以真实、完整地活着，此谓富足、丰盈的生命状态。这样看来，在心智成长的过程中，火行的能量为后续的转化提供了非常重要的基础，或者说，当我们的生命从匮乏走向富足的时候，我们就能够从这个世界和自身获得更多的能量去创造、改变、超越。

另外，《说文解字》中有云："火，燬也。"这里的"燬"就是毁坏的意思。火的力量如果使用不当，也会将事物本身毁掉。例如，教师揭露学生不愿意看到的伤痛、羞耻，反而有可能让学生陷入到更深的黑暗中。所以内心富足，并不仅仅是允许自己以真实的样貌存在着，也接受这个世界和他人的真实样貌。《尚书·洪范》中说："火者，上而不蔓。上也者，阳也；不蔓也者，阴也。"意思是说，火向上升腾，具有阳刚之性，但不会蔓延扩散，因此也具有一定的阴柔之气。火行的能量中也有阴柔的一面，就如同阳光照耀大地的同时，也产生了一些阴影——那些尚未准备好融入阳光的部分，我们需要带着耐心与柔软和世界互动。这也展现出富足对匮乏兼容的一面。

整体与土

《尚书·洪范》中所说的"稼穑"，是指土有播种和收获农作物的作用，引申为具有生化、承载、受纳、储藏、融合等作用的事物，均归属于土。《易经·系辞》认为，"土者，稼之本也，万物所出也，故曰生之母"。故有"土载四行""万物土中生，万物土中灭"和"土为万物之母"之说。简单地讲，土的特性就是承载万物、化育万物。土之所以能够有这样的特性，很重要的原因是它能够让所有的元素在此达到平衡和谐的状态，同时自身又不被消耗。正所谓"坤，至柔而动也。至静而德茂，备万物而不自失，能养万物而不自为"[1]。这种属性真是令人赞叹，不仅能滋养万物，也能在万物的变化中得到滋养。换个角度看，土能与万物连接，因此也促使万物与彼此连接。其中有一些是直接的连接，还有一些是能量层面转换后的连接，例如落叶变成腐土，滋养新的生命。在土的作用下，世界成为一个整体，不仅仅是物理空间上的整体，更是时空上的整体。

土这个元素之所以能化育万物，我想与这个世界的生命形态有关。地球上的生命形态为碳基生命，而碳元素大量储存在大地中。可能正是因为这样的构成，当我们脚踩大地时，我们就能感受到踏实、承托和稳定感。

土行与整体心智是极为相似的。当我们以整体的视角去看待世界时，看到的不仅仅是组成世界的万物，还会看到万物间是以什么样的方式连接在一起的。这些连接不是单一层次的，它们可能是物理的、时间的、空间的、能量的连接。同时，看到了连接，就有了推动转换发生的

1　这段话出自《易经·系辞》，意思是，坤即为土，它极度柔顺、温和，同时又非常稳定和充满生命力，可以滋养万物而不自我损耗。

可能性。教育在大的属性上是以土为主，它要做的事情就是帮助孩子们建立与自己、与他人、与世界的连接，以整体的视野去理解世界，并基于此，让自己的生命得到持续的滋养。然而过去 400 年来，教育的发展恰恰相反，我们走向了分离的一端。所以，这也是新千年以来全球教育都在回归生命、回归内在、回归完整的原因，如果教育的土壤不能滋养生命，文明将会中断。

根本与金

《五行大义》中谈到"金曰从革"，意思是金属的特性是能够随着火的热量而改变形态，从而形成各种不同形状的器物。因此"从革"的含义为改革、变革的精神。再看金所代表的秋季，树木凋敝，逐渐显露出树木的枝干，过去郁郁葱葱的树木终于显示出它内在的样子。在这个季节，树木将过去吸收的能量最终孕育为果实，结为天地之精华。因此，金行所带来的变革之力是让事物显露出本质的样子，并去其杂余，留其精髓。由此，我将金行与根本解做连接，寻启示。

金行所具备的力量，将万千事物收敛于"果实"之中。一粒果实便蕴藏了所有的因果缘由。同时，果实内含有种子，因此也包含了所有的可能性。根本解要做的事情就是要透过事件、结果，去看清事情的因果缘由和本质，同时也要知道，每一个解都意味着种下了新的种子，可能会产生意想不到的后果。事实上，金中有萧杀之气，如果使用过度，势必会使生气断绝。这是对根本解的提醒——根本的力量如果使用过度，也会让事情变质，问题得不到妥善的解决。例如，在一个人高烧 40 度的时候，如果依然揪着根本解不放（可能是通过合理饮食和锻炼来提升机体的免疫力），而忽略了及时退烧的症状解，可能会造成大脑受损。

有研究表明，长时间的高烧会导致大脑灰质体积减小，进而影响记忆和注意力等认知功能。[1] 从更大的视野看，揪着根本解不放，有时候并不利于完全解决问题，反而会引发新的问题出现，因此也并非完整意义上的根本解。

去芜存菁，提取精华，并非易事。古代金的冶炼是一项艰巨的工程，需要使用多种不同的矿石，使其不断地消解与熔合，更需要投入全部的身心。干将、莫邪之所以成为绝世名剑，是因为干将和莫邪二人"断发剪爪、投于炉中"[2]，甚至还有传说，干将之妻莫邪跳入炉中，嫁给炉神后，才得以铸成名剑。[3] 这样看来，寻找根本解也并非一个纯粹理性的探究，那是远远不够的，需要全身心地投入。尤其是解决教育领域的问题，我们不能将其当作一个巨型机械系统来对待，而要将我们自己融入系统之中，去感受，去体验，去理解，去分析，才有可能找到真正意义上的根本解，而这样的根本解，因为提出之人融入了生命，因此解决之道往往也是与生命维度兼容的。遗憾的是，今日解决教育问题的很多方法，提出者和实施者都没有能够融入自己的生命，因此产生了很多的副作用。

《素问·五运行大论》中提到，"金者，所以制水火，而化物之精也。金能制水火，故为治之主"。这段话谈到了金在五行中的重要作用，既能够控制水火，又能够储存精气。在五行理论中，水和火代表着相互

1　Saito, N., Sakuma, K., Ohtomo, K., & Aoki, S., *Effects of Elevated Body Temperature on the Volume of Gray Matter in the Brain. Magnetic Resonance in Medical Sciences*, 2015.

2　《吴越春秋》，中华书局，2019。

3　根据陆广微在《吴地记》中所述："干将曰：'先师欧冶铸剑之颖，不销，亲铄耳。以然成物，可女人聘炉神，当得之。'莫邪闻语，投入炉中，铁汁出，遂成二剑，雄号干将，作龟文；雌号莫邪，鳗文；余铸得三千并号龟文剑。干将进雄剑于吴王而藏雌剑，时时悲鸣，忆其雄也。"引自陆广微《吴地记》，收入王漠辑：《汉唐地理书》（中华书局，1961），308页。

对立的两种力量，而金可以控制和平衡这两种相互冲突的力量，甚至孕育果实，因此被视为治理世界的主宰。由此可见，真正的根本解，并不是非此即彼的解决方案，而是将冲突双方的力量引到一个更高的维度，创造出二者都未曾意识到的局面。而要实现这一点，我们需要站在整体和连接的视角上去看待冲突，这可能就是所谓的"土生金"的体现之一吧。

柔软与水

"水曰润下"，指水具有滋润、下行的特性，引申为凡具有滋润、下行、寒凉、闭藏等性质或作用的事物和现象，均归属于水。水可滋润万物生长，但它的特点是只下行，不上行，因此在方式上是潜施暗行。《素问·五运行大论》中有云："水润而下，不扬而降，故能下行四海；喜怒不形，故能为万物贞。"即水具有润泽、滋润的特性，但水不张扬，不自我炫耀，因此能够平稳地下行入海，具有沉静、柔和的特点，但其内涵又是宽广、博大和深邃的，不会轻易因外界的刺激而产生喜怒之情，可以保持清醒、坚定的本色，因此能够为万物提供一个坚定、可靠的支撑。水的这些特性，让它以非常柔和、缓慢、持久的方式推动事物改变。河道冲刷、石头打磨，都需要经过漫长的岁月，变化才会显现出来，因而也有一丝微阳蕴藏在水之中。

内心柔软之人并不是只有温柔，他们因为内在有其方向，所以在灵动中抱有坚韧、坚定，而因为坚定，他们的灵动并不是随波逐流，而是转变方式或视角，找到最佳路径，越过阻碍，凭借足够的耐心达成目标。但水的形态经常改变，也容易让人有不稳定的感觉，所以也提醒我们，在柔软的心智里，如果没有坚定的方向，柔软便没有力量。这个坚定的方向可以是我们坚守的生命法则，也可以是此生的使命。换句话说，正是那些坚定的、不变的东西存在，才让我们能够以温柔的方式去面对这个世界。

相互影响

以五行的视角去审视五种心智转变，提醒我们要从整体去理解五种心智之间的相互作用，更强调五种心智之间的平衡关系。当它们之间处于和谐、平衡的状态时，人将处于自然而然的生命状态中，鲜活、灵动、真实、完整。如果从这个角度理解心智层面的进化，则进化的升维其实更是一种回归。或者说，进化首先就是回归。人类心智在过去的2500年从开阔的高地逐渐走向幽深的峡谷，现在教育工作者的首要任务就是让自己以及更多人重新走回开阔的心灵高地。

我们从五行相生探索心智之间的关系。

开放： 开放的状态就是不挑不拣，让发生的一切都成为成长的资源。就如同春天的木一样，发生的一切都会激发其内在储存的能量。这些能量不断地聚集、释放，让生命变得充实，让自己有力量去面对内在黑暗的部分，以及生命中更大的挑战。

富足： 能量的聚集将点燃光明之心。当以光明之心面对发生的一切时，黑暗也无所隐藏。内在的光明让自我大大方方地呈现，所有的一切都将得到滋养，所有的一切都开始融合，尤其是原来黑暗与光明这种二元模式得到彻底的打破，内在与外在、黑暗与光明……逐渐成为一个整体。如果你不能保持开放的状态，你就无法吸收足够多的能量去融化内在的坚冰，或者提供足够持久的光明去照亮黑暗的角落。

整体： 光明的滋养让一切关系得以健康发展。这种充分的发展，让万事万物之间的关系明晰起来，彼此的连接交错，让身体、情感、精神方面日趋完整，让一切不再分离，并且因为连接的丰富性和多层次，逐渐显化出蕴藏的大道（事物本来的规律），指明了事物发展的内在关系。

根本：整体心智的发展，让各种关系变得清晰，即使对那些不确定的关系或连接，我们也拥有了更多觉知。因此，我们就能够更加准确地看到事物之间的因果关系，在解决问题的时候，方向是清晰的、根本的、长久的，而且是有益于整体的，不会为了局部去损害整体。

柔软：如果把开放视为阳性能量的释放，那么必须有一段时间的沉寂来聚集能量，让生命得到休整，同时储藏生命的精华，因此柔软是很重要的生命状态。它如水一般，以不争的状态，放低姿态，把上述四个方面的所有能量都汇聚于此，让生命的力量得以凝聚，然后选择恰当的时机去释放。很有意思吧，生命力不是通过努力获得，相反，努力就是生命力的释放，如春天的木，拼命生长。在柔软之中，有一种包容万物的慈悲，由此，那些翻腾的能量才能在此歇息、聚集，不再狂野。与此同时，根本的心智提供了一种坚定的能量，它如同河流的两岸护持着水流，让水朝某个方向聚集，这样聚集起来的能量不再是分散、浅薄的，逐渐变得深厚而有力。

这五种心智构成一个整体，它们同时存在着，彼此连接，共同发挥作用。若五种心智和谐、平衡，我们所有的互动都是顺畅的，整个生命的状态是绽放的。但某种心智过强也会产生问题。

秋天的时候，树木会慢慢闭藏起来，储藏能量，为下一轮的生长做准备，不会再去耗费能量发芽生长。这就是所谓的金克木，是顺应自然的状态。但如果一个人过于开放，不设边界，总是不停地调动自己的能量去转化吸收到的东西（如情绪、观念……），却又没有机会补充或储藏足够的内在能量，这势必导致内在的极大消耗。

火的能量是给予光明，如夏天给人的感觉，是明亮的、火热的。人们内心富足的状态也与此相似——为自己提供这种光明的能量，看清和接纳完整的自己。但如果一个人金的能量过大，或者说根本的能量过大，同时内心匮乏感强，他就会带着批判的视角看自己、否定自己，也不愿意接受自己的多样性或完整性，慢慢就会变得封闭，光明不容易照亮他的内心，他就会变得抑郁。心理医生经常鼓励病人多去晒太阳，可能与这样的能量状态有关系。

土的能量是包容、连接、转化，让万物成为一个相互联系的整体。从系统的角度看，一个事物之所以呈现出整体性，是因为构成整体的子元素之间存在某种连接关系，并且有持续稳定的能量让这种关系得以维持。而柔软代表连接关系具备极大的弹性，极端化的柔软就是元素之间的关系完全断开，如同一盘散沙。这样看来，恰恰是整体性的能量护持住了柔软使其不转向冷漠。

五行奥妙无穷，我谨以这一短小的探索来展现我的无知与好奇，相信随着不断地实践，五行与心智的互动会更加深入，能够帮助我们看清更多心智成长的本质。

尾 声

寻找真我

人类最大的压力是试图成为真正的
自己。

——佚名

　　2014 年年底，那时的我作为一名领导力和人才发展顾问，正处于事业的"上升期"，可一股莫名的力量让我在这条路上停了下来，现在回想起来，那股力量来自我内心深深的疲惫感，我感到那份工作并不能滋养我的心灵，于是我做了一个很大胆的决定——离开咨询行业，投身教育。有时候，人们做决定不是依靠逻辑，而是依靠直觉。那次调整，是我凭借直觉做出的选择，也是我生命中最有意义的一次选择。那时我刚好有机缘进入北京师范大学工作，创建了"北师大高级管理者发展中心"，服务于全国的中小学校长和老师，为他们设计和实施成长课程。在工作的三年里，我带领团队每年服务于来自全国的 3000 名中小学校长和老师。那段经历让我非常清晰地看到了当今中国体制内教育的现状，也为身处其中的教师的生命状态感到忧虑。我意识到，只有让教师的生命在教育工作中得到滋养，舒展绽放，教育才有机会改变。那么，我可以做什么呢？

　　带着这个问题，我遇见了这条路上的第一位老师——彼得·圣吉。我因为邀请他作为"2030 中国未来乡村学校计划"的首席专家而有机会当面向他学习。在他的推荐下，我和倪韵兰、张擎等伙伴一起去美国、欧洲，向在教育中应用系统思考的机构、学校和老师学习，并尝试将这些方法带到中国的学校和家庭，希望以此影响中国更多的孩子们，让他们学习用系统观去理解这个世界，树立超越个体的生命目标。然而在实践的过程中我发现，当我拿着一堆工具、模型、方法去讲给校长、老师和家长的时候，他们大多数和过去的我一样——拿上新的工具，然后走在老路上。教师和家长自己不改变，对孩子的教育也没有改变的空间。既然这样，我还可以做什么呢？

2017 年，我开始深刻地意识到，让一个人真正地发生转变，必须要使其在心智层面耕耘。而我自己作为系统的一部分，当我期待别人转变的时候，我有没有看见自己的固有心智呢？我愿不愿意放下那些保护自己的外壳，允许自己以本来的样子出现呢？必须承认，对这些问题的回答与探索是一个极为痛苦的过程。过去的自己以为外面的世界充满危险，于是躲在盔甲之中与世界对抗。而放下盔甲就意味着失去习惯了 40 年的"伪装"，以真实的样子示人。我问自己：你敢试一试吗？我给了肯定的回答。

卸下盔甲的感觉就如同姑娘不化妆就出门，此时问题的重点不在于别人怎么看我，而在于当我看到自己升起的恐惧、焦虑、委屈、自我否定……我有了更多想逃回去的念头。可是，哪里有路可逃？在我眼前，唯一的路，就只有这条名为"真实"的道路，充满未知。我究竟该如何走下去？幸运的是，在这个踟蹰和疑惑的路口，我遇见了另外两位老师——玛格丽特·惠特利与杰瑞·格雷奈里。2018 年 4 月和 11 月，张擎和我先后两次参加他们带领的活动，深入地探索自我。当时的杰瑞老师年近 80 岁，却活得如同一个孩子，真诚、真实、纯真。我感觉自己想要保护他，也感受到我被他天然地信任、接纳着。原来一个真实的人就如同回到婴儿般的状态，对一切都充满好奇，同时向一切打开自己。

杰瑞老师说，这是一个持续不断的旅程，我们要学习的就是在生命的每一刻都保持真诚。在他的带领下，在一次次的感知练习中，我试着去打开自己，去全然地聆听，去感受，去观察自己的内心与外部互动的方式，学习与自己的感受共处而不是逃避。有一次我向杰瑞老师请教如何面对不确定性，我告诉他，面对未知，我常常有很多的害怕，于是会做很多准备，试图让不确定性消失。真正的问题是，当我带着"确定"的期待迎接未知的时候，我无法进入当下，而是活在准备好的那个世界中。

杰瑞坦言说："面对不确定性，我有时候也会害怕，不过不要试图让害怕一次性全部消失。但至少每一次当害怕出现的时候，你都可以对害怕说'NO！'。不要让自己被害怕吞噬。这个时候，你就有机会穿越害怕，而不是对它视而不见或逃之夭夭。"他还特意写了一张纸条给我，上面画了一个笑脸，旁边写了一个大大的"NO！"。

杰瑞老师的真实与完整让我看到了作为"人"的可能性。在他的影响下，我开始练习正念，在与他人的对话中练习开放地倾听，在与家人的互动中表达情感，在行走于城市时打开感知，在工作坊和读书会中开始尝试利用当下所发生的一切……在我自己的体验里，打开自己并不会让害怕、焦虑、失望、愤怒这样的情绪立刻消失，而是在这些情绪升起的同时，在那电光石火之间，你可以对它们说"NO！"，并随之做出一个决定，让自己"回来"，回到与当下的连接中，回到与自己的连接中。

过去当我将自己封闭起来时，我成了自己的屏障，我活在了真我之外，我无法被这个世界滋养。而当我学着向世界打开自己，我与自己、与家人和身边的伙伴、与这个世界有了很多的连接，我获得了很多勇气和力量，我也感受到了很多的爱与接纳。这是一条"真实"的路，我走得越来越踏实。这条路不是一条远行之路，而是一条回家的路。

在中国这片土地上已经有 70 年没有战乱，几代人生活安定，但谁承想，很多人的内心却流离失所，不停地流浪。就如同《彩虹》（上海彩虹室内合唱团的团歌）中唱到的：

> 我走过许多地方
>
> 却不曾回到故乡
>
> 我不停
>
> 流浪　流浪
>
> 秋的夜　冬的雪
>
> 彩虹在天上

　　几年前，当我第一次听到这首歌的时候，泪流满面，因为我知道，自己终于要回家了。愿这片土地上的每一位教育者都能够循着内心的声音，踏上这段回归真我的旅程，让自己的天赋如彩虹般绽放，点亮更多年轻的生命。

致　谢

教　师　的　进　化

　　2023 年的春天很不寻常，持续三年的疫情终于消退，一切都随着春天的降临而悄然复苏。写这本书的念头也在那一刻萌芽，并如一株在春天疯长的紫藤，快速地确定了立意、大纲和写作风格。在随后的半年里，每天除了接送女儿，就是在家中写作。那段时光，我每天都要耗费很多脑力去构思和写作，所以最开心的就是去接女儿，那是每天唯一可以放空的时刻，但有意思的是，在那段不长的路程中却总能冒出很多灵感，可以说，很多写作的思路都是在那段十分钟的路途中产生的。

　　虽然动手写书的念头产生于两年前，但种子早就扎根于土中。我想感谢两位帮我扎根的老师。第一位是彼得·圣吉先生。我在书中多次提到他，他一直致力于让孩子们用整体的视角看世界。与圣吉先生共事（北京师范大学 2030 未来乡村学校计划，2015）让我对教育的意义和推动教育转变的方法有了全新的认知，同时，圣吉先生倡导的系统观也成为我观察和解决很多问题的重要框架。在此，也要感谢引荐我认识彼得·圣吉先生的倪韵岚女士。另一位是杰瑞·格雷奈里老师，他是一位音乐家，也是禅修老师，在跟随他学习的过程中，让我有机会触碰一些伟大的智慧，从而能够潜入内心深处去探索，这部分经历帮助我有能力从生命内在去支持教师的成长。2021 年 7 月杰瑞老师离开了这个世界，我很怀念和他一起行走在云南小镇上的时光。

　　在向两位老师学习的同时，我在教育领域的持续实践成为本书内容的另一个源头。在此，必须要提到几位实践伙伴。张擎是与我共事多年的伙伴，她主导开发了"系统智慧系列工作坊"，她在学习设计方面颇有天赋，我向她学习了很多，她也给我了很多有价值的反馈。本书中的部分教育思考源于 2016 年至 2018 年在洛阳十余所小学落地的系统思考项目，这要感谢洛阳市实验小学的李青青校长和洛阳市老城区第一小学的詹建萍校长，她们让我近距离、长时间地观察教师的生命状态，同时为参与项目的教师们提供了持续成长的健康环境。

要特别提到勇气更新中心总召集人吴虹老师，她以自身强大的号召力，带动全国十万名教师向内探索，有力地为教师个体和共同体赋能，让越来越多的教师敢于踏上寻找生命宝藏的旅程。我有幸与吴虹老师结识，她不遗余力地向教师和教育同行推荐本书，邀请和组织大家共读本书，以至于本书在出版前就得到了很多人的关注。我还要感谢《教学勇气》的译者、北京师范大学的吴国珍副教授。与吴教授的每次交谈总能够给我很多启发，让我意识到这本书哪里还需要修改，同时，吴教授也经常督促我关注身体的修炼，这方面我投入的时间远远不够，惭愧不已。

在与出版社的合作上一波三折，直到南昌大学教育发展研究院的匡维老师为我引荐了华夏出版社的两位编辑朱悦女士和陈志姣女士。朱悦女士有着非常丰富的心智成长类图书编辑和引进出版的经验，而陈志姣女士专注且认真，对书中每一个知识性细节都会反复核对，这态度让我非常感动。她们对本书的打磨功不可没。

最后要感谢我的家人。每当我彷徨迷茫之时，我的妻子总是会乐观地鼓励我坚持下去，她对我无条件地信任，让我内心安定。还要感谢我的女儿，她是带给我光明的小天使，照亮我那些尚未被认可的自我。

还有很多伙伴们在这里无法一一提及，你们或对本书给出了很有帮助的反馈，或在我的教育项目中提供支持，或向我讲述了你们作为教师的生命故事，或对这本书的内容提出中肯的批评……感谢每一位伙伴的真实和看见。

感恩所有汇聚于此的力量，希望这本书的出版，能够帮助更多的教师踏上心智转变的旅程。